요즘애들의 힙한 여행영어

레이첼에너지(황유진)

레이첼에너지가
알려주는

요즘애들의
힙한 여행영어

레이첼에너지 (황유진) 지음

21세기북스

프롤로그

설레는 여행을 앞두고 가장 긴장되는 것은? 바로 영어 아닐까요? 우리나라 사람들은 어릴 때부터 집착에 가까운 수준으로 영어 공부를 하지만 막상 외국인 앞에서는 얼어버리는 안타까운 일을 자주 봤어요. 이 세상에서 나보다 영어를 잘하는 사람도 존재하지만, 나보다 영어를 못하는 사람도 생각보다 많다는 사실!

영어 공부를 잘하기 위해서 계획은 많이들 세우죠? 그런데 막상 첫 번째 챕터에서 넘어가지 못하는, 말 그대로 '작심삼일'을 하는 이유는 뭘까요?

재미가 없어서!

우리가 해외 여행을 가기 전에 영어 공부를 하려고 시중에 나와 있는 영어책들을 보면 '핵심' '단 한 편' '이것만 읽자' 등의 제목이 많아요. 하지만 막상 읽어보면 기승전 문법 위주로 구성된 경우를 많이 봤어요. But! 이 책은 그렇지 않다는 사실!

이 책 한 권만 읽는다고 해서 갑자기 영어를 마법같이 잘할 수 있는 것은 아니에요. 물론 그렇게 된다면 너무 좋고, 저는 전 세계의 주목을 받겠지만 그럴 수 없으니 차근차근! 여행에서 꼭 필요한, 진짜 원어민이 사용하는 진짜 영어를 자신감 있게 답변할 수 있도록 영어 문장들로 준비했습니다. 저 레이첼에너지와 찍은 여행영어 표현을 함께 공부해 봅시다!

차례

프롤로그 | 5

Chapter 1

비행기만 타면 다 아니야? - 응, 아니야!

Chapter 2

도착해서 바로 써먹는 - 여행영어 표현 A-Z

Chapter 3

예상치 못한 - 돌발 상황 발생!

Chapter 4

힙해 보이는 - 영어 써볼까?

Chapter 5

이제 돌아갈 때가 됐네? - 영어, 원 없이 썼어요?

Chapter 1

비행기만 타면 다 아니야?
☞ 응, 아니야!

1. 출발 – 비행기에서 시작하는 여행영어

[기내에서 상황 1 : 기내식을 받을 때]

☆ 실생활 Hip한 표현!

기내에서는 승무원을
Flight attendant? Stewardess?
뭐라고 불러야 할까요?
승무원을 부를 땐 **"Excuse me."**라고 부르면 됩니다.

☆ Check!
바로 쓰는 영어 단어

Airport 공항
Cabin 기내
In-flight meal 기내식
Flight attendant 승무원
Pilot 기장

바로 쓰는 핵심 대화

> **Would you like the chicken or beef?**
> 닭고기나 소고기 어떠신가요?

> **I will have the beef.**
> 저는 소고기를 먹을게요.

☆ 레이첼에너지의 Tip!

"Would you like~?"라고 질문하는 경우 단어로 대답하는 것보다
문장으로 말하는 게 훨씬 더 있어 보인다는 것!

바로 쓰는 핵심 표현

어떠신가요? Would you like ~ ?
....

Would you like some water?
» 물 좀 드릴까요?

Would you like something to drink?
» 마실 것 좀 드릴까요?

Would you like milk or almond milk?
» 우유와 아몬드 우유 중 어떤 것을 드릴까요?

1. 출발 - 비행기에서 시작하는 여행영어

[기내에서 상황 2 : 승무원에게 요청할 때]

☆ 실생활 Hip한 표현!

승무원이나 승객에게 요청할 때는

Don't forget to smile!

웃는 것 잊지 말기!

☆ Check!
바로 쓰는 영어 단어

Complain 항의하다
Ask 묻다, 요청하다
Drink 음료
Another 또 다른
Fill out 채우다

바로 쓰는 핵심 대화

Can I have some water?
물 좀 주시겠어요?

Can I have some snacks?
간식을 주실 수 있을까요?

Excuse me, I asked for a water a few minutes ago.
실례합니다, 제가 몇 분 전에 물을 요청했어요.

I'll bring it right over.
바로 가져다 드릴게요.

☆ 레이첼에너지의 Tip!

내가 요청한 사항이 해결되었을 때는?

외국에서는 입에 달고 있는 말이 바로 **"Thank you!"**라는 것.

돈이 드는 일도 아니니, **Thank you**와 함께 웃음으로 보답하는 것 잊지 마세요!

바로 쓰는 핵심 표현

~주시겠어요? Can I have ~?

Can I have a diet Coke?
» 다이어트 콜라 주시겠어요?

Can I have orange juice?
» 오렌지 주스 주시겠어요?

Can I have another cup of water?
» 물 한잔 주시겠어요?

Can I have some napkins?
» 냅킨 주시겠어요?

1. 출발 - 비행기에서 시작하는 여행영어

[기내에서 상황 3 : 다른 승객이 매너가 없을 때]

☆ **실생활 Hip한 표현!**

매너가 없는 사람에게는
약간 강하게 **"Excuse me?"**라고
말해주세요.
불편한 마음을 표현해 주는 것!

☆ **Check!**
바로 쓰는 영어 단어

Kick 차다
Keep it down 조용히 하다
Turn down 낮추다
Stop 멈추다

바로 쓰는 핵심 대화

Excuse me, Could you stop kicking my chair?
실례합니다, 내 의자 좀 그만 차겠어요?

I'm sorry!
오, 미안해요!

☆ 레이첼에너지의 Tip!

상대가 미안하다고 하면 너그럽게 **"It's okay."**라고 말해주면 어떨까요?

"괜찮아." "그럴 수 있지."라고 대답해 주세요.

요즘은 "It's okay."라고 쓰는 경우도 있지만,

"You're good." "No worries." "You're fine." 등을 사용하기도 하니

본인에게 맞는 대답을 하면 어떨까요?

바로 쓰는 핵심 표현

~ 좀 해줄래요? Could you please ~ ?

Could you please pass the napkins?
» 냅킨 좀 전달해 주실래요?

Could you please keep it down?
» 조용히 좀 해주시겠어요?

Could you please knock it off?
» 그만 좀 해주시겠어요?

Could you please turn down the volume?
» 볼륨 좀 낮춰주시겠어요?

2. 입국 심사 - 공항에서 입국컷 안 당하기

[입국 심사 상황 1 : 가방을 열어보라고 할 때]

☆ 실생활 Hip한 표현!

입국 심사 때 갑자기 가방을 열어보라고 하면
당황하지 말고 여유로운 표정으로
"Sure thing."이라고 말해보세요.
"네, 알겠습니다."라는 말입니다.

☆ Check!
바로 쓰는 영어 단어

Immigration 출입국
Inspection 심사
Passport 여권
Boarding pass 비행기표
Aisle 통로

바로 쓰는 핵심 대화

> **Is it alright if we open your bag?**
> 가방을 열어봐도 될까요?

> **Can you open your bag for us?**
> 가방을 좀 열어주시겠어요?

> **Sure thing.**
> 네, 알겠습니다.

☆ 레이첼에너지의 Tip!

"Why?"라고 묻거나 거부하면 상황이 오히려 복잡해집니다.
가볍게 대응해 주는 게 좋아요.

바로 쓰는 핵심 표현

~해도 괜찮을까요? Is it alright if ~ ?

....

Is it alright if you have the chicken instead of the fish?
» 생선 대신 닭고기를 먹어도 괜찮을까요?

Is it alright if you change seats with me?
» 저와 자리를 바꿔도 괜찮을까요?

Is it alright if your seats are not together?
» 자리가 붙어 있지 않아도 괜찮을까요?

Is it alright if you sit in the aisle?
» 통로석에 앉아도 괜찮을까요?

2. 입국 심사 - 공항에서 입국컷 안 당하기

[입국 심사 상황 2 : 입국 심사 인터뷰 때]

☆ 실생활 Hip한 표현!

체류 기간을 말할 때
한국어와 영어는 순서가 반대라는 걸 기억하세요.
'3박 4일'은
영어로 **"4 days and 3 nights"**입니다.

☆ Check!
바로 쓰는 영어 단어

Vacation 휴가
Business trip 출장
Return ticket 귀국 티켓
Purpose 목적
Staying 묵다

바로 쓰는 핵심 대화

What is your purpose of staying?
이 나라에 왜 왔나요?

I'm here on vacation.
저는 휴가로 왔습니다.

How many days are you staying?
며칠 동안 머무를 예정인가요?

I'm staying here for four days and three nights.
3박 4일 동안 머무를 예정입니다.

Is it your first time visiting?
첫 번째 방문입니까?

Yes, It's my first time visiting. / No, It's my second time visiting.
네, 첫 번째 방문입니다. / 아닙니다, 두 번째 방문입니다.

Where will you be staying?
어디에서 묵을 예정입니까?

I'm staying at the ABC Hotel.
ABC 호텔에 묵을 예정입니다.

Who are you here with?
누구와 왔나요?

I'm here with my mom./I'm here alone.
어머니와 왔습니다./혼자 여행 왔습니다.

Are you here alone?
혼자 왔나요?

No, I'm here with my mom./Yes, I am on vacation alone.
아니요, 어머니와 함께 왔습니다./네, 혼자 여행 왔습니다.

입국 심사가 끝난 후 **"Thank you. Have a good one."**이라고
웃으면서 말하는 것 잊지 마세요.
"Have a good day." "Have a good evening."보다 더 많이 쓰는 표현입니다.

바로 쓰는 핵심 표현

~에 머무를 것이다. I'm staying at ~ .
~에 위치한 (숙소 형태)에 머무를 것이다. I'm staying at a (숙소 형태) located in ~ .

....

Hotel인 경우

I'm staying at the ABC Hotel.
» 저는 ABC 호텔에 머무를 거예요.

'Air Bed & Breakfast'로 불리는 숙소 형태의 경우

I'm staying at a Air Bed & Breakfast located in (지역)
» (지역)에 위치한 Air Bed & Breakfast에 머무를 거예요.

예약 내역 등을 보여달라고 요청하는 경우

Can I see your reservation confirmation?
» 예약확인증 보여주시겠어요?

Can I have your reservation number?
» 예약 번호를 알려주시겠어요?

Can I have your passport?
» 여권을 보여주시겠어요?

Can I have the passport of the others staying in the room?
» 같이 머무를 사람들의 여권을 보여주시겠어요?

Here you are.
» 여기 있습니다.

Please hold, I'll pull it right up.
» 잠시만요, 바로 찾아볼게요.

3. 교통 - Car Rental부터 주의해야 하는 부분까지!

[교통수단 1 : 렌터카를 찾을 때]

☆ 실생활 Hip한 표현!

운전을 더 편하게 만들어주는 앱이 필요한 경우
"Are there any apps that I need to download?"라고
질문해 보세요.

자동차를 반납할 때는 파손 등에 대한 위약금을 피하기 위해
미리 자동차 상태를 사진이나 동영상으로 찍어두세요!
"Is it alright if I take some pictures and videos?"
라는 표현을 사용하면 됩니다.

☆ Check!
바로 쓰는 영어 단어

Car rental 렌터카
Reservation confirmation 예약확인증
International driver's license 국제면허증
Additional driver 추가 운전자
Car insurance 자동차 보험

바로 쓰는 핵심 대화

Hello, I'm here to pick up a car.
안녕하세요, 차를 가지러 왔습니다.

Can I see your identification?
신분증 좀 보여주시겠어요?

Sure, here you are.
네, 여기 있습니다.

Will you be the only one driving?
혼자 운전하시나요?

Yes, I will be the only one driving. /No, there will be other drivers.
네, 저 혼자 운전합니다./아니요, 다른 운전자도 있습니다.

Can I have the main driver's license?
주로 운전할 분의 면허증을 보여주시겠어요?

Will I need insurance?
보험이 필요할까요?

It's already included. You can choose among these.
이미 포함되어 있습니다. 이 중에서 고르시면 됩니다.

Can I take some pictures and videos when we do the car check?
차량 상태를 확인할 때 사진과 영상을 찍어도 될까요?

There's another scratch here.
여기에도 스크래치가 있습니다.

We'll do a rundown of the car to look over scratches.
차 스크래치 등 전반적인 검사를 하겠습니다.

How many days will you be using the car?
차는 며칠 이용하실건가요?

I will be using it for five days.
5일 동안 사용할 예정입니다.

Return on Monday.
반납일은 월요일입니다.

What time do I have to return the car by?
몇 시까지 차를 반납해야 하나요?

Please check the time written on the statement.
문서에 적혀 있는 시간을 확인하세요.

☆ 레이첼에너지의 Tip!

렌트 업체 직원이 신분증이나 예약확인증을 요구하는 경우,
아무 말 없이 주기보다는 **"Here you are."**라고 건네는 것이 더 좋겠지요.

바로 쓰는 핵심 대화

~하러 왔습니다. I'm here to ~ .

I'm here to rent a car.
» 차를 빌리러 왔습니다.

I'm here to pick up a car.
» 차를 가지러 왔습니다.

~ 동안 사용할 예정입니다. Will be using for ~ .

I will be using it for three days.
» 3일 동안 사용할 예정입니다.

반납일은 ~ 입니다. Return on ~ .

Return on the date written on the statement.
» 문서에 적혀 있는 날짜에 반납하세요.

Return on Wednesday.
» 반납일은 수요일입니다.

4. 교통 - Taxi, 목적지만 툭 보여주지 말고요!

[교통수단 2 : 택시를 탈 때]

☆ 실생활 Hip한 표현!

영어에 자신이 없다면

꼭 미터기가 있는 택시에 탑승하세요.

택시를 타기 전에

"Does this taxi go by meter?"

라고 물어보고 탑승할 것!

☆ Check!
바로 쓰는 영어 단어

Taxi, Cab 택시
Taxi stand 택시 승강장
Meter 미터기
Charge 잔돈
City central 시내

바로 쓰는 핵심 대화

How long does it take from here to (특정 장소)?
여기서 (특정 장소)까지 시간이 얼마나 걸리나요?

Around fifteen minutes.
약 15분이요.

Does this go by meter?
미터기로 가나요?

What country are you from?
어느 나라에서 왔나요?

I'm from Korea. Have you been to Korea?
한국에서 왔어요. 한국에 온 적이 있나요?

No, I haven't.
아니요, 아직 없습니다.

You should come visit Korea.
한국에 한 번 방문해 보세요.

☆ 레이첼에너지의 Tip!

팁이 있는 나라에서는
거스름돈을 팁으로 주는 경우가 있습니다.
그럴 때는 **"Keep the change."**라고 말해보세요.
여행 중 택시, 식당, 카페 등에서 사용할 수 있어요.

바로 쓰는 핵심 표현

~까지 얼마나 걸리나요? How long ~ ?
....

How long does it take from here to the hotel?
» 여기서 이 호텔까지 얼마나 걸리나요?

How long does it take from here to the airport?
» 여기서 공항까지 얼마나 걸리나요

How long does it take from the hotel to the city central?
» 호텔에서 시내까지 얼마나 걸리나요?

How long does it take to the nearest subway station?
» 가장 가까운 지하철역까지 얼마나 걸리나요?

~로 가주세요. Please take me to ~ .
....

Please take me to the ABC Hotel.
» ABC 호텔로 가주세요.

Please take me to City Hall.
» 시청까지 가주세요.

Please take me to the city center.
» 시내까지 가주세요.

Please take me to the airport.
» 공항까지 가주세요.

5. 숙소 체크인도 꼼꼼하게!

[숙소에서 상황 1 : 호텔에서 체크인할 때]

☆ 실생활 Hip한 표현!

호텔에 도착해 체크인할 때
바로 이름만 말하기보다는
"I'm here to check in."이라고
말해보세요.

☆ Check!
바로 쓰는 영어 단어

Check-in 체크인
Smoking/Non-smoking 흡연/금연
Front desk 프론트 데스크
Check-out 체크아웃

바로 쓰는 핵심 대화

Here is my passport.
여기 여권입니다.

Can I have another passport?
다른 여권도 줄 수 있나요?

Sure, here you are.
네, 여기 있습니다.

How many people will be staying in a room?
한 방에 몇 명을 묵을 예정인가요?

Two per room.
한 방에 두 명이요.

Would you like a smoking or non-smoking room?
흡연 객실을 원하시나요, 금연 객실을 원하시나요?

I would like a non-smoking room./I would like a smoking room.
금연 객실을 원합니다./흡연 객실을 원합니다.

Would you like a room with one double bed or two single beds?
더블 침대 한 개가 있는 방과 싱글 침대 두 개가 있는 방 중에 어떤 방을 원하시나요?

I'd prefer a double.
더블을 선호합니다.

What time is checkout?
체크아웃은 몇 시입니까?

Check out is at twelve o'clock pm.
12시입니다.

Can I have a credit card for deposit?
보증금 입금을 위해 신용카드를 주시겠어요?

How much will be the deposit?
보증금은 얼마인가요?

**It'll be one hundred dollars per night, but after check-out
we'll cancel it and it'll take a few days for the cancellation.**
1박에 100달러입니다. 하지만 체크아웃 후에 취소되며,
취소되는 데 며칠이 걸립니다.

Is there an extra charge for the mini bar?
미니바는 추가 요금이 있나요?

Yes, only the two bottles of water are complimentary.
네, 물 두 개만 무상입니다.

What time does the pool close?
수영장은 몇 시에 닫나요?

The pool hours are from nine to six.
수영장 이용 시간은 9시부터 6시까지입니다.

Is the gym open twenty four hours?
헬스장은 24시간 운영되나요?

Yes, the gym is open twenty four hours.
네, 24시간 운영됩니다.

☆ 레이첼에너지의 Tip!

호텔에 체크인 시간보다 일찍 도착했을 경우,
"Can I check in early?" 라고
일찍 체크인해도 되는지 물어보세요.

방 청소 상태에 따라서 답변이 다르겠지만,
만약 방이 준비되지 않았다면 짐은 호텔에 두는 것이 낫겠죠?
그럴 때는 **"Can I leave my bags at the front?"** 라고
짐 보관이 가능한지 문의하세요.

혹은 방이 거의 준비가 되어
몇 시에 들어갈 수 있는지 문의하고 싶은 경우,
"What time will the room be ready?" 라고 문의해 보세요.

바로 쓰는 핵심 표현

나는 ~ 원합니다. I would like ~ .

I would like a non-smoking room.
» 금연 객실을 원합니다.

I would like a room with a nice view, if possible.
» 가능하면 전망이 좋은 방으로 원합니다.

~는 몇 시인가요? What time is ~ ?

What time is check-out?
» 체크아웃은 몇 시인가요?

What time is the pool open until?
» 수영장은 몇 시까지 운영하나요?

What time is the gym closed?
» 헬스장은 몇 시에 닫나요?

What time is the next shuttle bus?
» 다음 셔틀버스는 몇 시에 있나요?

5. 숙소 체크인도 꼼꼼하게!

[숙소에서 상황 2 : 호텔 직원에게 요청하기]

☆ 실생활 Hip한 표현!

프론트에 전화를 하는 경우,

"This is room (호실)."로 본인의 방 번호를 알려주세요!

☆ Check!
바로 쓰는 영어 단어

Available 이용할 수 있는
Condition 상태
Bed sheets 침구류
Extra 추가
Housekeeping 하우스키핑

This is room (호실).
(호실)입니다.

Is there another room available?
혹시 다른 방이 있나요?

Is there a problem with your current room?
현재 방에 문제가 있나요?

I do not like the condition of the room.
지금 방 상태가 마음에 들지 않습니다.

I'll send housekeeping to clean the room again.
청소를 다시 하기 위해 하우스키핑을 보내겠습니다.

The hallways are too loud with the carts and people passing by.
복도가 사람들과 카트로 너무 시끄러워요.

I'm so sorry for the inconvenience.
불편함을 드려 죄송합니다.

Is there another room in which you can change my room to?
다른 층에 있는 방으로 바꿔줄 수 있나요?

I'm check and let you know.
확인 후에 알려드리겠습니다.

I would like a change in bedsheets.
침대 시트를 바꾸고 싶어요.

Okay, I'll let housekeeping know.
알겠습니다. 하우스키핑에 전달하겠습니다.

Can I get extra towels?
수건을 추가로 받을 수 있나요?

There'll be an extra charge for additional towels.
수건을 추가하면 추가 금액이 발생합니다.

Then nevermind.
그럼 됐어요.

☆ 레이첼에너지의 Tip!

해외에서는 보통 벨보이에게도 팁을 줍니다.
가방당 1~2달러 정도 주면서
"Thank you."라고 말해주세요.
하우스키퍼에게도 베개 위에 1~2달러를 올려두고
팁을 주는 것 잊지 마세요.

바로 쓰는 핵심 표현

~가 마음에 들지 않습니다. I do not like ~ .

I do not like the housekeeping condition of the room.
» 방 청소 상태가 마음에 들지 않습니다.

I do not like the bed condition.
» 침대의 상태가 마음에 들지 않습니다.

I do not like the room floor.
» 방의 층이 마음에 들지 않습니다.

Chapter2

도착해서 바로 써먹는
☞ 여행영어 표현 A-Z

1. 여행은 먹으러 가는 것! 여기에서 꼭 먹어야 하는 게 뭐지?

[식당에서 상황 1 : 주문할 때]

☆ **실생활 Hip한 표현!**

몇 명인지 말할 때는
단순히 one, two라고 하지 말고
"Table for two."라고 말하는 게 좋아요!

☆ **Check!**
바로 쓰는 영어 단어

Printed menu 종이 메뉴판
Recommend 추천하다
Recommendation 추천
High chair 아기 의자
Kid's menu 어린이 메뉴

바로 쓰는 핵심 대화

Can I have a high chair?
아기 의자 있나요?

I'll get you one right away.
바로 가져다드릴게요.

Is there a kid's menu?
어린이 메뉴가 따로 있나요?

Yes, at the last page.
네, 마지막 페이지에 있어요.

Can I have some kid's cutlery?
어린이 식기류가 있나요?

Sure thing.
당연하죠.

Can I have a kid's plate?
어린이용 접시가 있나요?

Will one be enough?
1개면 될까요?

Can I have a separate plate?
접시 따로 주실 수 있나요?

How many do you need?
몇 개 필요하세요?

Can I have a printed menu?
메뉴판을 받을 수 있을까요?

I'll be right back.
바로 갖고 올게요.

Can I start you guys off with some drinks?
음료 먼저 주문하겠어요?

We'll have one coffee and two orange juices.
커피 한잔과 주스 두 잔 주세요.

Can you give us more time?
(메뉴를 볼) 시간이 더 필요해요.

Could you recommend me the best menu here?
/What is the best menu here?
/What's your recommendation?
여기에서 가장 맛있는 메뉴를 추천해 줄 수 있나요?
/가장 맛있는 메뉴는 무엇인가요?
/추천하는 메뉴는 무엇인가요?

Okay. I'll have that one.
좋아요, 그것으로 하겠습니다.

Can you recommend the best combination?
가장 적합한 조합을 추천해 줄 수 있나요?

☆ 레이첼에너지의 Tip!

"Would you like some drinks?"는 옛날 표현으로
요즘은 **"Can I start you off with ~ ?"**라고 질문한다는 것!

영어는 숫자를 앞에 두고 뒤에 메뉴를 말합니다.
"One coffee."라고 해도 되지만 이왕이면
"I'll have one coffee."라고 문장으로 말해주세요.

아직 자리에 앉지도 않았는데
"Would you like to start off with some drinks?"라며
음료 주문을 받는다면?
"I'll have a look at the menu first."라며
조금 있다가 알려주겠다고 말하면 됩니다.

바로 쓰는 핵심 표현

~으로 시작하겠어요? Can I start you off with ~ ?

Can I start you off with some drinks?
» 음료로 시작하겠어요?

Can I start off with some water first?
» 일단 물로 시작해도 될까요?

Can I start off with some iced water with some lemon?
» 얼음 물과 레몬으로 시작해도 될까요?

우리는 ~로 하겠습니다. We'll have ~ .

We'll have some water first.
» 우리는 물로 시작하겠습니다.

We'll have a look at the menu first.
» 메뉴 먼저 보겠습니다.

We'll have the recommendations.
» 추천 메뉴로 하겠습니다.

We'll have the most popular dish here.
» 우리는 여기서 가장 인기 있는 메뉴로 하겠습니다.

우리에게 ~을 줄 수 있나요? Can you give us ~ .

Can you give us more time?
» 우리에게 시간을 더 줄 수 있을까요?

Can you give us some recommendations?
» 우리에게 추천을 해줄 수 있을까요?

Can you give us the best menu here?
» 우리에게 가장 인기 있는 메뉴를 줄 수 있을까요?

1. 여행은 먹으러 가는 것! 여기에서 꼭 먹어야 하는 게 뭐지?

[식당에서 상황 2 : 식사 중]

☆ **실생활 Hip한 표현!**

"The food is good!" "The food is great!" 같은
조금은 식상해 보이는 표현을 쓸 수도 있지만,
조금 다른 표현을 쓰고 싶다면?

"This is the best meal I've had so far!"
지금까지 먹은 음식 중에 가장 맛있다고 칭찬하는 것 어떨까요?

☆ **Check!
바로 쓰는 영어 단어**

Moist towelette 물티슈
Bill 계산서
Receipt 영수증
Refill 리필
Additional 추가

바로 쓰는 핵심 대화

Can I have more bread?
빵을 더 줄 수 있을까요?

Sure, but that'll be an additional cost.
네, 그런데 추가 요금이 있습니다.

Is there an extra charge for refills?
리필은 추가 요금이 있나요?

No, there isn't.
아니요, 없습니다.

Can I have another fork?
다른 포크를 줄 수 있을까요?

I'll be right back.
바로 돌아오겠습니다.

Can I have more napkins?
냅킨 좀 더 줄 수 있을까요?

Here you are.
여기 있습니다.

Are you guys finding everything okay?
식사는 괜찮은가요?

This is the best meal I've had so far!
지금까지 먹어본 식사 중에 최고예요!

Can I see the dessert menu?
디저트 메뉴를 보여주시겠어요?

I'll be right back.
금방 돌아오겠습니다.

Do you want to-go bags for leftovers?
남은 음식을 포장할 용기 필요하신가요?

Can I have the bill? / Check, please.
계산서를 줄 수 있을까요? / 계산서 부탁드립니다.

Can I use this coupon here?
이 쿠폰 사용할 수 있나요?

I'll go check.
확인해 볼게요.

식당에서 서버를 부를 때
"Hey!"라고 부르는 것은 금지!
서버가 올 때까지 미소를 지으며 기다려주세요.

바로 쓰는 핵심 표현

~는 괜찮은가요? Are you finding ~ .

Are you finding the food alright?
» 음식은 입맛에 괜찮은가요?

Are you finding the place alright?
» 장소는 마음에 드나요?

Are you finding the recommendations to fit your style?
» 추천한 것은 본인 스타일에 잘 맞나요?

2. 한국인의 국룰 - 식후에는? 카페에서 다양하게 주문해 봐요

[카페에서 상황 1 : 메뉴 정하고 주문하기]

☆ 실생활 Hip한 표현!

혹시 '얼죽아'인가요?

영어로도 **"Iced all year round"**라는

표현이 있다는 것이 재미있죠.

☆ Check!
바로 쓰는 영어 단어

Whole milk 우유
Skim milk 저지방 우유
Non-fat milk 무지방 우유
Lactose-free milk 락토프리 우유
Almond milk 아몬드 우유
Coconut milk 코코넛 우유
Soy milk 두유
Oat milk 귀리 우유

바로 쓰는 핵심 대화

Hello, can I take your order?
안녕하세요, 주문하시겠어요?

I'll have a small cup of coffee.
작은 사이즈의 커피 한 잔 주세요.

I'll have an iced coffee.
얼음을 넣은 커피 주세요.

I'll have a regular size latte with almond milk.
보통 크기 라테에 우유 대신 아몬드 우유를 넣어주세요.

Anything else?
다른 것은요?

I'll also have a croissant.
추가로 크루아상도 주세요.

For here or to go?
여기서 마시나요, 가지고 가나요?

For here.
여기서 먹고 가요.

Tap your card./ Swipe your card.
카드를 대주세요./ 카드를 긁어주세요.

Can I have your name?
이름이 무엇인가요?

> **Order for Rachel.**
> 레이첼 주문 나왔습니다.

> **It's Rachel.**
> 레이첼입니다.

☆ **레이첼에너지의 Tip!**

줄을 서서 메뉴를 고를 때
시간이 더 필요하다면
뒷사람에게 **"You can go ahead."**라며
순서를 양보해 주면 됩니다.

바로 쓰는 핵심 표현

~를 추가로 주세요. I'll also have ~ .
....

I'll also have a chocolate muffin on the side.
» 초콜릿 머핀 하나 추가해 주세요.

I'll also have the same as her.
» 저 여성과 같은 메뉴로 주세요.

I'll also have another small coffee to go.
» 저도 작은 크기 커피 테이크아웃으로 주세요.

I'll also have the same order to go.
» 같은 주문으로 테이크아웃을 추가해 주세요.

I'll also have another small latte with soy milk.
» 작은 크기 라테에 두유로 변경해서 추가해 주세요.

I'll also have one more slice of cheesecake.
» 치즈케이크 하나 추가해 주세요.

2. 한국인의 국룰 - 식후에는? 카페에서 다양하게 주문해 봐요

[카페에서 상황 2 : 주문이 잘못 나왔을 때]

☆ **실생활 Hip한 표현!**

우리나라에서는
음료를 카페에서 마시지 않고 가져가는 걸
'Take out'이라고 하지만
해외에서는 **"To go"** 또는 **"Take away"**라고 한다는 것
잊지 마세요!

☆ **Check!**
바로 쓰는 영어 단어

Mistake 실수
To go 테이크아웃
Order 주문
Drink 음료
Cup 컵

Rachel, your order's ready.
레이첼, 주문한 메뉴 나왔습니다.

This isn't what I ordered.
이건 내가 주문한 게 아닙니다.

There has been a mistake.
실수가 있는 것 같아요.

Can I see your receipt?
영수증 좀 보여주세요.

Here you are.
여기 있어요.

I'm sorry.
미안합니다.

It's alright.
괜찮아요.

You can just drink it.
(잘못 나온 음료는) 그냥 마셔도 괜찮아요.

Thank you.
고마워요.

I'll have your drink ready soon and call your name again.
음료를 곧 준비해서 다시 이름을 불러드리겠습니다.

바로 쓰는 핵심 표현

~가 아닙니다. This isn't ~.

This isn't what I ordered.
» 제가 주문한 것이 아닙니다.

This isn't diet coke. I ordered diet coke.
» 이것은 다이어트 콜라가 아닙니다. 저는 다이어트 콜라로 주문했어요.

This isn't what he/she ordered.
» 이것은 그/그녀가 주문한 것이 아닙니다.

3. 그대의 눈동자에 Cheers! 술 한잔 할까?

[바에서 상황 1 : 술을 주문할 때]

☆ 실생활 Hip한 표현!

알코올이 없는 주류를
우리나라에서는 Non-alcohol이라고 하지만
외국에서는 Virgin이라고 해요.
"I'll have a virgin mojito."라고 하면
논알코올 모히토를 달라는 말!
술 이름 앞에 **Virgin**을 붙이면
논알코올이라는 뜻이 됩니다.

☆ Check!
바로 쓰는 영어 단어

Alcoholic beverage 주류
Identification(ID) 신분증
Underage 미성년자
Soft drink 음료수
Bottled beer 병맥주
Draft beer 생맥주
Shot/cocktail/cooler
양주 한 잔/칵테일/알코올이 함유된 음료

Neat/Straight up/Up/On the rocks
얼음 없이 실온 상태의 양주 한잔/
살짝 시원하게 주는 것/
얼음을 넣고 시원한 잔에 주는 것/얼음을 넣은 것

Shaken/Stirred/Dirty/Thin
흔들어서/저어서/
올리브 주스와 함께/물에 섞어서 연하게

바로 쓰는 핵심 대화

Can I see your ID?
신분증 좀 보여주세요.

Can I see your drink menu?
주류 메뉴 좀 보여주세요.

I'm flattered. I'm not underage.
과찬입니다. 저는 미성년자가 아니에요.

I still need to see your ID.
그래도 신분증은 보여주셔야 합니다.

Is a passport alright?
여권도 괜찮나요?

I'll have a vodka shot on the rocks.
얼음을 넣은 보드카 한잔 주세요.

☆ 레이첼에너지의 Tip!

맥주 한잔을 달라고 할 때는 cup of beer가 아니라 **pint of beer**라고 주문할 것!
"I'll have a pint of beer."

바로 쓰는 핵심 표현

~을 보여주시겠어요? Can I see ~ ?

Can I see the dessert menu?
» 디저트 메뉴 좀 보여주시겠어요?

Can I see your ID?
» 신분증 좀 보여주시겠어요?

Can I see your drink menu?
» 음료 메뉴 좀 보여주시겠어요?

3. 그대의 눈동자에 Cheers! 술 한잔 할까?

[바에서 상황 2 : 술을 추가하거나 계산할 때]

☆ 실생활 Hip한 표현!

영어로는 건배를 뭐라고 할까요?

술자리에서 쓰기 좋은 표현을 알아두세요.

건배는 **"Cheers!"**

원샷은 **"Bottoms up!"**

마시라고 할 때는 **"Drink up!"**

마셔, 마셔, 마셔라고 할 때는 **"Chug! Chug! chug!"**

☆ Check! 바로 쓰는 영어 단어

Designated driver 지정된 운전자

Open 열다

Close 닫다

Tipsy 알딸딸하다

Drunk 취하다

바로 쓰는 핵심 대화

Open or close?
카드를 계속 가지고 있을까요?

I will open a tab. / I'll close my tab.
나는 계속 마실 거예요. / 이제 그만 마실 거예요.

I'll have another round.
한잔 더 주세요.

Last call.
마감 주문해 주세요.

I feel tipsy.
나 좀 알딸딸해.

I'm drunk.
나 좀 취했어.

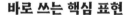

☆ 레이첼에너지의 Tip!

"Open a tab"은 마실 만큼 마신 다음
한꺼번에 결제하는 시스템입니다.

바로 쓰는 핵심 표현

나는 기분이 ~해요. I feel ~ .

I feel alright.
» 나 괜찮아.

I feel a bit tipsy.
» 나 조금 알딸딸해.

I feel drunk.
» 나 취했어.

I can feel this drink is strong.
» 이 술이 센 게 느껴지네.

4. 관광지에서 바로 써먹는 영어 표현

[대중교통 1 :티켓 구입하기]

☆ 실생활 Hip한 표현!

버스, 지하철, 택시를 타는 곳을 뭐라고 부를까요?
버스는 **Stop**, 지하철과 기차는 **Station**, 택시는 **Stand**라고
각각 달리 부른다는 것!

☆ Check!
바로 쓰는 영어 단어

Public transportation 대중교통
One way 편도
Round trip/Return ticket 왕복 여행/왕복 티켓
Bus stop 버스 정류장
Subway/Train station 지하철역/기차역
Taxi stand 택시 승강장
Peak hours 붐비는 시간
Off-peak hours 붐비지 않는 시간

바로 쓰는 핵심 대화

> **How much is it to City Hall?**
> 시청까지 요금은 얼마입니까?

> **Five dollars per adult.**
> 성인 1인당 5달러입니다.

> **One to City Hall.**
> 시청까지 한 명입니다.

> **I'll have two return tickets.**
> 왕복 티켓 두 장 주세요.

> **Tickets are non-refundable.**
> 티켓은 교환, 환불이 불가합니다.

> **Where can I buy a travel card?**
> 교통카드는 어디서 사나요?

> **Here or over there at the machine.**
> 여기나 저 기계에서요.

☆ 레이첼에너지의 Tip!

"시청까지 한 명입니다."라고 할 때는 'person'을 생략하고
"One to City Hall."이라고 합니다. 두 명일 때는 **"Two to City Hall."**이겠죠.

바로 쓰는 핵심 표현

어디에서 ~할 수 있나요? Where can I ~ ?

Where can I buy tickets?
» 어디에서 티켓을 구매할 수 있나요?

Where can I get on the bus?
» 어디에서 버스를 탈 수 있나요?

Where can I ride the ferry?
» 어디에서 페리를 탈 수 있나요?

4. 관광지에서 바로 써먹는 영어 표현

[대중교통 2 : 유용한 표현들]

☆ 실생활 Hip한 표현!

학생 할인을 놓치지 마세요!
"Student discount"라는 표현을 기억하면 좋습니다.
추가로!
간혹 나라에 따라 노인 할인이 있는 경우가 있습니다.
"Senior discount"라는 표현도 기억하면 좋아요!

☆ Check!
바로 쓰는 영어 단어

Transfer 환승
Directly 직행
Delayed 지연되다
Canceled 취소되다
Aisle seat 통로석
Window seat 창문석

바로 쓰는 핵심 대화

How often does the train run?
기차가 얼마나 자주 다니나요?

Every ten minutes.
10분마다요.

Do I have to transfer or does this go directly?
환승해야 하나요, 아니면 직행인가요?

It's a direct train.
직행입니다.

I'll have an aisle seat.
통로석으로 한 장 주세요.

All aisle seats are booked.
모든 통로 좌석이 예약되어 있어요.

I'll have a window seat.
창가석으로 한 장 주세요.

The seats will not be together.
자리들은 붙어 있지 않습니다.

Are there any together?
붙어 있는 자리는 없나요?

No, but you will be sitting one row in front of each other.
아니요, 그런데 1줄 앞에 앉을 수 있어요.

☆ 레이첼에너지의 Tip!

내릴 때 교통 카드를 찍는지 물어보고 싶다면
"Do I tap the card when I get off?" 라고 물어보세요.

티켓을 환불해야 하는 경우에는 **"Can I get a refund?"** 라고 물어보세요.
환불이 안 된다면 다른 여행객에게 판매를 해보세요!
"Excuse me, I just bought tickets here, but I'm running late. Would you like to buy these tickets from us?" (실례합니다. 바로 전에 여기서 티켓을 구매를 했는데, 제가 늦어져서요. 혹시 제 티켓을 구매하시겠어요)
최대한 무해한 사람이고 같은 관광객이라는 점을 어필하면 성공 확률이 높다는 점!

바로 쓰는 핵심 표현

얼마나 자주 ~가 있나요? How often does ~ ?

How often does the train run?
» 얼마나 자주 기차가 있나요?

How often does the bus run?
» 얼마나 자주 버스가 있나요?

How often does the car come?
» 얼마나 자주 차가 오나요?

How often does this happen?
» 얼마나 자주 이런 일이 있나요?

4. 관광지에서 바로 써먹는 영어 표현

[관광지에서 상황 1 : 입장권 구입하기]

☆ 실생활 Hip한 표현!

할인이 있는지 문의하고 싶다면
"Is there a promotional discount going on?"
(진행 중인 프로모션 할인이 있나요)이라고 문의하세요.

모바일 티켓으로 발권 가능한지는
"Can I get a mobile ticket?" 혹은 **"Can I get an E-ticket?"**
이라고 문의하면 됩니다.

☆ **Check!**
바로 쓰는 영어 단어

In advance 사전에
E-ticket 모바일 티켓
Promotion discount 프로모션 할인
Book 예약하다
Reservation 예약

바로 쓰는 핵심 대화

Where can I get tickets?
티켓은 어디서 사야 하나요?

Over there at the ticket booth.
저기 매표소에서 살 수 있습니다.

Do I have to buy tickets?
티켓을 꼭 사야 하나요?

Yes, only cash for tickets.
네, 티켓은 현금만 가능합니다.

Do I have to book tickets in advance?
티켓을 미리 예약해야 하나요?

No, you can buy them on-site.
아니요, 현장에서 구매 가능합니다.

☆ 레이첼에너지의 Tip!

미리 티켓을 예약해서 현장 발권이 필요 없다면?

"I made reservations in advance. Do I show you my reservation confirmation?" (사전에 예약했어요. 예약확인서를 보여드릴까요)

바로 쓰는 핵심 표현

어디에서 ~ 할 수 있나요? Where can I ~ ?

....

Where can I get on?
» 어디에서 탈 수 있나요?

Where can I see the best view?
» 어디에서 최고의 전망을 볼 수 있나요?

Where can I get the best picture?
» 어디에서 최고의 사진을 찍을 수 있나요?

Where can I buy drinks?
» 어디에서 음료를 구매할 수 있나요?

Where can I get some snacks?
» 어디에서 간식을 살 수 있나요?

Where can I download the discount coupon?
» 어디에서 할인 쿠폰을 다운로드받을 수 있나요?

4. 관광지에서 바로 써먹는 영어 표현

[관광지에서 상황 2 : 관광지 둘러보기]

☆ 실생활 Hip한 표현!

관광지를 소개하는 안내서는 뭐라고 할까요?

Pamphlet일까요?

해외에서는 주로 **Brochure** 또는 **Leaflet**이라고 합니다.

☆ Check!
바로 쓰는 영어 단어

In this angle 이 각도에서

Disclaimer/ Waiver 포기 각서(손해 발생 시 책임지지 않겠다는 문서)

Take pictures 사진을 찍다

Allowed 허용되다

Closing time 종료 시간

바로 쓰는 핵심 대화

Can I take pictures here?
여기서 사진 찍어도 되나요?

Sure thing, just turn off the flash.
됩니다. 플래시만 끄세요.

Can you take my picture for me?
제 사진 좀 찍어줄 수 있나요?

Can you take my picture for me in this angle?
이 각도로 사진 좀 찍어줄 수 있나요?

I'll try.
노력해볼게요.

Can I have a brochure/leaflet?
관광 안내서 주시겠어요?

It's available at the information desk.
안내 데스크에 있습니다.

How long does it take to look around?
이곳을 둘러보는 데 얼마나 걸리나요?

Around one or two hours.
한두 시간 정도요.

How long are we allowed to stay for?
언제까지 여기 있어도 되나요?

As long you'd like, but before the place closes.
당신이 원하는 한, 영업 종료 전까지요.

When is closing time?/When do you close?
문은 언제 닫나요?

Six o'clock.
오후 6시요.

☆ 레이첼에너지의 Tip!

사람이 많은 관광지에서
사람들 사이를 지나갈 때는
"Excuse me."라고 말해야 예의라는 것 잊지 마세요.

서양에서는 **Personal space**(개인 공간)를 중요시하기 때문에
너무 과도한 밀착은 조심하는 것이 좋아요.
다른 사람의 **Personal space**를 침해하는 경우
"Sorry, excuse me."라고 말해주세요.

바로 쓰는 핵심 표현

~하는 데 얼마나 걸리나요? How long ~ ?

How long will it take to look around this place?
» 이곳을 둘러보는 데 얼마나 걸리나요?

How long will the tour take?
» 투어가 얼마나 걸릴까요?

How long is the distance from here to there?
» 여기에서 저기까지 거리가 어느 정도 될까요?

How long does the process take?
» 이 과정은 어느 정도 걸리나요?

How long is the commute?
» 통근은 얼마나 걸리나요?

~을 둘러보다. ~ to look around.

I'll take some time to look around.
» 둘러보면서 시간 좀 보낼게요.

He's spending time looking around.
» 그는 둘러보면서 시간을 보낼거예요.

5. Flex할 시간! 쇼핑할 때 꼭 쓰는 말

[쇼핑에서 상황 1 : 직원에게 문의하기]

☆ **실생활 Hip한 표현!**

물건을 찾을 때는
물건 이름 앞에는 the를 붙이고
물건은 복수형으로 말하는 것 잊지 마세요.
the 물건+s
Ex) the keychains

☆ **Check!**
바로 쓰는 영어 단어

In the back 창고
Additional ~% off ~% 추가 할인
Buy one get one free 1+1
Buy one, get one 50% off 하나 사면 하나 50%

바로 쓰는 핵심 대화

Do you know where the scarves are?
스카프는 어디에 있나요?

Over in aisle five.
5번 통로에 있어요.

How much is this?
이건 얼마인가요?

It's on the tag.
택에 적혀 있습니다.

Could you check the price on this?
이 물건의 가격 좀 확인해 주시겠어요?

Please hold.
잠시만 기다려주세요.

Do you have this in a bigger/smaller size?
더 큰/작은 사이즈도 있나요?

Do you have this in another color? / What other colors are available?
다른 색상도 있나요? / 다른 색상은 뭐가 있나요?

No, only one color.
아니요, 하나뿐입니다.

Can I try this on?
입어봐도 되나요?

Can I see that?
저기 있는 것 좀 볼 수 있을까요?

Is there another in the back?
새 상품이 있나요?

Is this on sale?
이 상품은 세일 중인가요?

Is this buy one get one free?
이 상품은 1+1인가요?

Is this buy one get one fifty percent off?
이 상품을 하나 사면 하나는 50% 할인이 되나요?

Yes, the discount will be applied.
네, 할인 적용됩니다.

☆ 레이첼에너지의 Tip!

문의할 때는 "Where is this?"라고 하는 것보다
사려고 하는 품목을 지정해 문장으로 물어보면 어떨까요?
"Where are the scarves(스카프는 어디에 있나요)**?"**처럼
구체적으로 문의하는 게 좋겠죠?

"Please."보다 **"Pretty please."**라고 말하면
좀 더 친근한 느낌으로 할인을 받을 수도 있어요!

추천을 받고 싶으면
"Could you recommend something which will look good on me?"
(제게 잘 어울릴 만한 것을 추천해 주시겠어요)라는 표현을 사용하면 좋아요.

바로 쓰는 핵심 표현

~는 어디에 있나요? Do you know where ~ ?

Do you know where the keychains are?
» 키체인은 어디에 있나요?

Do you know where this is displayed?
» 이것은 어디에 전시되어 있는지 알 수 있나요?

Do you know where they sell this?
» 이것은 어디에서 판매하는지 알고 있나요?

~확인해 주시겠어요? Could you check ~?

Could you check if there is another color?
» 다른 색상이 있는지 확인해 주시겠어요?

Could you check the back for a new one?
» 창고에 새 상품이 있는지 확인해 주시겠어요?

~해봐도 될까요? Can I try ~ ?

Can I try this on?
» 이거 착용해 봐도 될까요?

Can I try this on in a bigger size?
» 더 큰 사이즈로 착용해 봐도 될까요?

5. Flex할 시간! 쇼핑할 때 꼭 쓰는 말

[쇼핑에서 상황 2 : 계산하기]

☆ **실생활 Hip한 표현!**

교환이나 환불을 할 때는
Exchanges and Returns를
찾으세요!

☆ **Check!**
바로 쓰는 영어 단어

Cash register 계산대
Extra cost 추가 비용
Line 줄
Membership 회원권
Receipt 영수증
Exchange policy 교환 정책

바로 쓰는 핵심 대화

Where is the cash register? / Where can I pay?
계산은 어디에서 하나요? / 어디서 계산할 수 있나요?

Is this the line? / Are you in line?
여기가 줄인가요? / 지금 줄 서 있는 건가요?

No, go ahead.
아니요, 먼저 가세요.

Do you take card?
카드로 계산할 수 있나요?

No, only cash.
아니요, 현금만 가능해요.

Where is the nearest ATM?
가까운 ATM은 어디에 있나요?

At the end of the street.
거리 끝에 있어요.

How much does this come to?
다 합쳐서 얼마인가요?

Do you have a membership with us?
저희 회원권이 있으신가요?

Do you want to sign up for our rewards program?
혹시 회원가입 하시겠어요?

No thank you. I'm just visiting.
아닙니다. 저는 관광객이에요.

Do you need a bag?
쇼핑백이 필요한가요?

Does that extra cost?
쇼핑백 값을 내야 하나요?

Yes, that'll be one dollar.
네, 1달러입니다.

Can you wrap this up?
포장해 줄 수 있나요?

Will this be a gift?
선물인가요?

Can I have the receipt?
영수증 주시겠어요?

What is your exchange policy?
교환이나 환불 정책이 어떻게 되나요?

Within two weeks with the tag attached.
태그가 부착된 상태로 2주입니다.

요즘은 Eco-friendly 정책으로 쇼핑백이 필요한지
물어보는 경우가 많습니다.
쇼핑백을 구입해야 하는지, 그냥 주는지 꼭 물어보세요.
"Do I need to pay for the bag?"이나
"How much is a bag?"이라고 물어보세요.

바로 쓰는 핵심 표현

가까운 곳에 ~가 있나요? Where is the nearest ~ ?

Where is the nearest ATM?
» 가장 가까운 ATM은 어디에 있나요?

Where is the nearest restroom?
» 가장 가까운 화장실은 어디에 있나요?

Where is the nearest cafe?
» 가장 가까운 카페는 어디에 있나요?

~을 원하나요? Do you want to ~ ?

Do you want to sign up for our reward program?
» 회원가입 하시겠어요?

Do you want to buy another one, because it's buy two, get one free?
» 2+1인데, 하나 더 구매하시겠어요?

Do you want a bag?
» 봉투 구매하시겠어요?

6. 로컬들의 핫플은 어디일까? - 진짜 여행 즐기기

[핫플에서 상황 1 :핫플을 찾을 때]

☆ **실생활 Hip한 표현!**

현지인은 잘 가지 않고
관광객만 가게 되는 곳을
'Tourist trap'이라고 합니다.
Trap, 즉 **덫**이라는 뜻이죠.

☆ **Check!**
바로 쓰는 영어 단어

Hype 입소문
Non-touristy thing 관광지 느낌이 아닌 것
Non-touristy place 관광지 느낌이 아닌 장소
Hidden attraction/gem 숨은 명소
Local favorite 로컬 맛집

바로 쓰는 핵심 대화

Is this worth the hype?
여기 입소문만큼 괜찮아요?

It's a very touristy place.
매우 관광지 같은 곳이에요.

Where are all the cool kids going these days?
요즘 애들이 가는 곳은 어디인가요?

I think I saw this on social media.
여기 SNS에서 봤던 것 같아요.

It's popular on social media.
SNS에서 인기가 많아요.

What is a non-touristy thing to do?
너무 관광 같지 않은 일 없나요?

Eat at a local place.
로컬 맛집에서 먹는 것이요.

What's a hidden gem around here?
이 주변에 숨은 명소가 있나요?

Search (명소) on Google.
구글에 (명소)를 검색해 보세요.

☆ 레이첼에너지의 Tip!

"Hype"이라는 단어를 요즘 많이 쓰는데요!

"Hype"은 장소에만 사용하는 것일까요?

아닙니다! 제품에도 사용할 수 있어요!

'입소문템'을 말할 때

"This is totally hyped." 이런 식으로 표현을 할 수 있다는 것!

바로 쓰는 핵심 표현

제가 보기에는 ~인 것 같아요. I think ~ .

....

I think this place is a tourist trap. / I think this place is too touristy.

» 이곳은 너무 관광객만을 위한 곳 같아.

I think the locals do not go here.

» 로컬들은 이곳에 오지 않는 것 같아.

I think the locals also like it here.

» 로컬들도 이곳을 좋아하는 것 같아.

I think this place has a good balance of locals and tourists.

» 이곳은 로컬들과 관광객들 모두 많은 것 같아.

6. 로컬들의 핫플은 어디일까? - 진짜 여행 즐기기

[핫플에서 상황 2 : 로컬들과 대화하기]

☆ 실생활 Hip한 표현!

Stranger danger!
낯선 사람은 위험할 수 있습니다.
로컬과 대화를 나누는 것 좋지만
아무나 따라가면 절대 안 돼요.

☆ Check!
바로 쓰는 영어 단어

Trend 트렌드
Around 근처
Compliment 칭찬
Experience 경험/추억

바로 쓰는 핵심 대화

I'm trying to keep up with the trends.
요즘 트렌드를 따라잡으려고요.

You should be a K-pop idol.
당신은 케이팝 아이돌 같아요.

I love your makeup.
화장이 너무 예쁘네요.

How long have you lived here?
여기에서 얼마나 오래 살았나요?

Do you have any recommendations?
추천할 만한 게 있을까요?

How is it here?
이곳은 어떤가요?

Do you like this place?
이 장소 괜찮나요?

I'll take you around.
여기저기 안내하고 싶어요.

우리나라에서는 얼굴이 작다는 게 칭찬이지만
외국에서는 **"You have such a small face."**가
전혀 칭찬이 아니라는 것!
만약에 이런 칭찬을 하고 싶다면,
"This is a compliment in Korea."
한국에서는 칭찬이라고 추가로 말하면 됩니다.

바로 쓰는 핵심 표현

~하려고 노력 중이다. I'm trying ~ .

I'm trying to make memories.
» 추억을 만들려고 하고 있어요.

I'm trying to experience the place.
» 이곳을 만끽하려고 합니다.

I'm trying to keep calm.
» 침착하려고 하고 있어요.

~을 따라잡다. Keep up with ~ .

Keep up with the trends.
» 트렌드를 따라잡다.

Keep up with the times.
» 요즘 세대를 따라잡다.

» 당신의 ~가 마음에 들어요. I love your ~ .

I love your scarf.
» 당신의 스카프가 마음에 들어요.

I love your vibes.
» 당신의 분위기가 너무 마음에 들어요.

I love your personality.
» 당신의 성격이 너무 좋아요.

Chapter 3

예상치 못한
☞ 돌발 상황 발생!

1. 길을 잃었다 - 영어로 소통해야 해도 당황하지 맙시다!

[거리에서 상황 1 : 길을 잃었을 때]

☆ 실생활 Hip한 표현!

나라별로 방향을 설명하는 표현이
다를 수 있습니다.
동쪽 East, 서쪽 West, 남쪽 South, 북쪽 North를
먼저 기억하세요.

☆ Check!
바로 쓰는 영어 단어

Block/Street 거리
Corner 모퉁이
Intersection 교차로

바로 쓰는 핵심 대화

Can I ask you a question?
질문 좀 해도 될까요?

Sure.
그럼요.

Do you know where City Hall is?
시청이 어디 있는지 아나요?

Can you help me find City Hall?
시청을 찾는 걸 도와줄 수 있나요?

It's two streets/blocks from here.
두 블록만 더 가면 있습니다.

☆ 레이첼에너지의 Tip!

길을 잃었을 때는 아무에게나 가서
"Help me!"를 외치기보다는
먼저 **"Excuse me."**라고 말하고
질문해 주세요.
또는 **"Can I bother you for a moment?"** (잠시 시간을 뺏어도 될까요)라고
정중하게 물어보는 것도 좋습니다.

바로 쓰는 핵심 표현

~을 물어봐도 될까요? Can I ask ~ ?

Can I ask where the restroom is?
» 화장실이 어디인지 물어봐도 될까요?

Can I ask where the nearest nursing room is?
» 가장 가까운 수유실은 어디에 있나요?

Can I ask you some questions?
» 질문 좀 해도 될까요?

Can I ask if there is an additional charge for this?
» 이에 대한 추가 요금이 있는지 물어봐도 될까요?

~가 어디인지 아나요? Do you know where ~ ?

Do you know where the restroom is?
» 화장실이 어디에 있는지 아시나요?

Do you know where the nearest diaper changing station is?
» 가장 가까운 기저귀 갈이대는 어디에 있는지 아세요?

Do you know where I can get WiFi?
» 와이파이는 어디서 구할 수 있는지 아세요?

Do you know where I can get the best coffee around here?
» 이 근처에서 가장 맛있는 커피는 어디에서 마실 수 있나요?

~를 찾는 걸 도와줄 수 있나요? Can you help me find ~ ?

Can you help me find this place?
» 이 장소를 찾는 걸 도와줄 수 있나요?

Can you help me find my suitcase?
» 제 캐리어 찾는 걸 도와줄 수 있나요?

Can you help me find the bus station?
» 버스 정류장 찾는 걸 도와줄 수 있나요?

1. 길을 잃었다 – 영어로 소통해야 하는데 당황하지 맙시다!

[거리에서 상황 2 : 데려다주는 걸 거절할 때]

☆ 실생활 Hip한 표현!

낯선 사람에게 길을 물었을 때 계속 데려다준다고 한다면
휴대폰을 한번 보면서
"Change of plans. I'm going somewhere else."라고
말해주세요.
장소가 바뀌어서 다른 곳으로 가야 한다는 뜻이죠!

☆ Check!
바로 쓰는 영어 단어

Somewhere else 어딘가로
Meet 만나다
Plan 계획
Busy 바쁘다
Out of your way 무리해서

바로 쓰는 핵심 대화

> **I'll take you there.**
> 데려다줄게요.

>> **It's okay. I'm meeting up with my friends there.**
>> 괜찮아요. 그곳에서 친구와 만나기로 했어요.

>> **You must be busy but still thank you.**
>> 당신이 바빠 보이니까 괜찮아요.

>> **Please don't go out of your way for me.**
>> 나 때문에 가던 길을 바꾸지 마세요.

☆ 레이첼에너지의 Tip!

거절할 때는 "No!"보다는 예의 있지만 단호하게
"No thank you." "It's okay." 라고 말해주세요.

바로 쓰는 핵심 표현

~와 만나기로 했어요. I'm meeting up with ~ .

I'm meeting up with some friends.
» 친구들과 만나기로 했어요.

I'm meeting up with my mom later on.
» 나중에 엄마와 만나기로 했어요.

I'm meeting up with a driver who will pick me up soon.
» 저를 데리러 올 기사님을 만나기로 했어요.

예상치 못한 - 돌발 상황 발생!

2. 사건, 사고 많은 나!

[사고에서 상황 1 : 분실물을 찾을 때]

☆ 실생활 Hip한 표현!

물건을 잃어버렸는데 분실물 보관소가 따로 없다면
바로 경찰서로 직행하지 말고,
Information Center에 먼저 문의하세요.
"I lost my (물건) here." 혹은
"Have you seen a (물건) around here?"이라고 물어보세요!

☆ Check!
바로 쓰는 영어 단어

Lost and found 분실물 보관
Lost 잃어버리다
Seen 보다
Wallet 지갑
Purse 손가방
Contact 연락하다

바로 쓰는 핵심 대화

Where is the lost and found?
분실물은 어디에 두나요?

Did you lose something?
무엇을 잃어버렸나요?

Yes, I lost my wallet.
네, 지갑을 잃어버렸어요.

Have you seen a brown wallet around here?
이 근처에서 갈색 지갑을 본 적 있나요?

If you find it, please contact me at (연락처).
만약 찾는다면 (연락처)로 연락주세요.

If you find it, please let me know.
만약에 찾는다면, 나에게 알려주세요.

There hasn't been any wallets that came in today.
오늘 지갑은 들어오지 않았어요.

Do you remember where you last had it?
언제 마지막으로 갖고 있었는지 기억하세요?

I'm not so sure.
긴가민가해요.

I had it with me the whole day.
하루 종일 갖고 있었어요.

I think it fell out of my pocket.
주머니에서 빠진 것 같아요.

"I lost my passport!"
여권을 잃어버렸다면 경찰서나 대사관으로 가세요.
미리 여권 복사본을 챙겨놓는 것
잊지 마세요!

분실물을 찾을 때는 잃어버린 물건을
구체적으로 설명할수록 좋습니다.
"A wallet"보다는
"A brown with zippers going around the sides"라고요.

바로 쓰는 핵심 표현

~을 본 적 있나요? Have you seen ~ ?

Have you seen a camera around here?
» 이 근처에서 카메라 본 적 있나요?

Have you seen a little girl who looks like this(사진 보여주기)?
» 이렇게 생긴 여자아이 본 적 있나요?

Have you seen an iPhone 15 Pro around?
» 아이폰 15 프로를 본 적이 있나요?

Have you seen anyone go near the place?
» 근처에 사람이 왔다 갔다 하는 것을 본 적 있나요?

2. 사건, 사고 많은 나!

[사고에서 상황 2 : 도둑맞았을 때]

☆ 실생활 Hip한 표현!

도둑을 맞은 상황에서 도둑이 눈앞에 있는 것이 아니라면
"I've been robbed!" 또는
"Call the police!"라고 말하면서 도움을 요청하세요.

☆ Check!
바로 쓰는 영어 단어

Pickpocket 소매치기
Robber 도둑
Thief 절도범
Stolen 훔친
Crime 범죄

바로 쓰는 핵심 대화

I want to report a crime.
범죄를 신고하러 왔습니다.

My wallet was stolen.
지갑을 훔쳐 갔어요.

Where did this take place?
어디서 그랬나요?

I was robbed.
강도를 만났어요.

Did you see the person's face?
상대방의 얼굴을 보았나요?

☆ 레이첼에너지의 Tip!

중요한 물건을 잃어버리거나 도둑맞았을 때는
무조건 **police station**을 찾아갈 것!

바로 쓰는 핵심 표현

저의 ~을 도난당했습니다. My ~ was stolen.

My phone was stolen.
» 제 휴대폰을 도난당했습니다.

My purse was stolen.
» 제 손가방을 도난당했습니다.

My bag was stolen.
» 제 가방을 도난당했습니다.

2. 사건, 사고 많은 나!

[사고에서 상황 3 : 물건이 파손되거나 인종차별을 당했을 때]

☆ 실생활 Hip한 표현!

따져야 할 때는 웃지 말고
약간 정색한 표정으로
"Excuse me."라고 불러주세요.

☆ Check! 바로 쓰는 영어 단어

Bump into 부딪히다
Damage 손상, 피해
Uneducated 무지한
Sorrow 슬픔
Racist 인종차별주의자

바로 쓰는 핵심 대화

You caused damage to my phone.
당신이 내 핸드폰을 망가뜨렸어요.

You broke my camera.
당신이 내 카메라를 깨뜨렸어요.

You bumped into me and caused me to drop my phone.
당신이 부딪혀서 핸드폰을 떨어뜨렸어요.

It's the twenty first century. Get with the times, buddy.
21세기인데, 시간 좀 따라잡아요.

You're so uneducated. Sorrows to you.
당신은 못 배웠네요. 안타깝네요.

Is it because I'm Asian?
내가 동양인이라서 그래요?

Are you saying that because I'm Asian?
내가 동양인이라 그런 말을 하는 건가요?

☆ 레이첼에너지의 Tip!

인종차별을 당하면
싸우지 말고 돌려서 얘기하거나 눈을 굴려보세요.
눈을 굴리는 것을 **"Roll your eyes."**라고 하는데,
외국인들은 눈을 굴리는 걸 무척 싫어하거든요.
기분이 나쁘다는 걸 눈으로 표현해 주세요.

요즘은 인종차별이 잘못된 것이라는 것이 많이 알려져 있어서
무작정 따지는 것보다
"Is it because I'm Asian?" (내가 동양인이라서 그래)
혹은 **"Are you being racist?"** (너 인종차별하는 거야)라고 말해보세요.
오히려 상대방이 본인의 잘못을 깨달을 거예요!

바로 쓰는 핵심 표현

당신이 ~을 파손했어요. You caused damage to ~.

You caused damage to my phone.
» 당신이 내 휴대폰을 파손했어요.

You caused damage to my hearing.
» 당신이 나의 청각에 손상을 입혔어요.

3. 온라인 세상과의 연결… 쉽지 않네

[인터넷 연결 상황 1 : 휴대폰 관련]

☆ 실생활 Hip한 표현!

한국에서는 유심칩을 유심이라고 부르지만
외국에서는 **SIM card**라고 한다는 점
체크해 주세요.
요즘 온라인으로 사용 가능한 유심의 경우,
e-SIM이라고 표현합니다.

☆ Check!
바로 쓰는 영어 단어

Physical SIM card (핸드폰에 직접 넣는) 심카드
e-SIM card (온라인으로 사용하는) 이심카드
Phone data plan 핸드폰 해외 로밍
Portable battery/Battery pack 보조 배터리
Charge 충전하다

바로 쓰는 핵심 대화

Where can I buy a SIM card?
심카드는 어디에서 살 수 있나요?

At a convenient store.
편의점에서 구매할 수 있어요.

Can I have a SIM card?
심카드 있나요?

How many days?
며칠용인가요?

Is there someplace where I can charge my phone?
휴대폰 충전할 곳이 있나요?

You can use the charging station.
충전소에서 사용하세요.

☆ 레이첼에너지의 Tip!

우리나라는 어디에서나 휴대폰을 충전하기가 쉽지만 해외에서는 콘센트를 찾기가 쉽지 않아요. 꼭 **Charge my phone**(휴대폰 충전)이 가능한지 물어보세요.

바로 쓰는 핵심 표현

어디에서 ~할 수 있나요? Where can I ~ ?

Where can I charge my phone?
» 휴대폰 충전은 어디에서 할 수 있나요?

Where can I buy one?
» 어디에서 구매할 수 있나요?

Where can I get one?
» 어디에서 구할 수 있나요?

~을 줄 수 있나요? Can I have ~ ?

Can I have one?
» 하나 줄 수 있나요?
Can I have another one?
» 다른 하나 줄 수 있나요?

3. 온라인 세상과의 연결… 쉽지 않네

[인터넷 연결 상황 2 : 와이파이를 연결할 때]

☆ 실생활 Hip한 표현!

와이파이를 사용할 수 있는지
문의하고 싶다면?
"Is there Wi-Fi here?" 또는
"Can I use the Wi-Fi here?"이라고 문의하세요.

☆ Check!
바로 쓰는 영어 단어

Open Wi-Fi 공용 와이파이
Wi-Fi password 와이파이 비밀번호
Connect 연결하다
Scan 스캔하다
Written 쓰여 있다

바로 쓰는 핵심 대화

Is there an open Wi-Fi here?
혹시 여기 공용 와이파이인가요?

No, you need the password.
아니요, 비밀번호가 필요해요.

Can I get the Wi-Fi password?
와이파이 비밀번호 알 수 있을까요?

It's written on the receipt.
영수증에 적혀 있어요.

Can you help me connect my Wi-Fi?
와이파이 연결을 도와줄 수 있나요?

Scan the QR with your phone.
휴대폰으로 QR을 스캔하세요.

☆ 레이첼에너지의 Tip!

와이파이 연결에 도움을 받은 후에는 **"Thank you."** 또는
"You're the best."와 같이 감사의 마음을 전하는 것 잊지 마세요.

바로 쓰는 핵심 표현

~을 해줄 수 있나요? Can I get ~ ?

Can I get the Wi-Fi password?
» 와이파이 비밀번호를 알려줄 수 있나요?

Can I get some help?
» 도움 좀 줄 수 있나요?

Can I get someone to help me with this?
» 누군가 저를 도와줄 수 있나요?

4. 마음의 상처가 아닌 실제 부상을 입었다면?

[다친 상황 1 : 도움 요청하기]

☆ 실생활 Hip한 표현!

"I'm sick."은 물리적인 상처가 아닌
두통, 복통 등을 표현하는 문장입니다.
다쳤을 때는 **"I'm hurt."**라고 표현할 것!

☆ Check!
바로 쓰는 영어 단어

Injured 부상을 입다
Hurt 다치다

바로 쓰는 핵심 대화

> **Excuse me. Can you help me?**
> 저 좀 도와주시겠어요?

> **What's wrong?**
> 무슨 일 인가요?

> **My knee is injured.**
> 무릎에 상처가 났어요.

> **My knee hurts.**
> 무릎이 아파요.

> **I hurt my knee.**
> 무릎을 다쳤어요.

☆ 레이첼에너지의 Tip!

"**Can you help me?**"라고 하면 상대방도 막막할 수 있으니
"**Could you give me a hand?**"라고 구체적으로 도움의 손길을 요청해 보세요.

바로 쓰는 핵심 표현

~을 할 수 있나요? Could you ~.
....

Could you give me a hand?
» 도움 좀 줄 수 있나요?

Could you lend me a hand?
» 도움을 줄 수 있나요?

I'm injured. Could you go get someone to help me out?
» 저 다쳤어요. 저를 도울 수 있는 사람 좀 찾아줄 수 있나요?

4. 마음의 상처가 아닌 실제 부상을 입었다면?

[다친 상황 2 : 증상 설명하기]

☆ 실생활 Hip한 표현!

우리나라에서는 몸이 힘들고 온몸이 아플 때
'몸살기 있다'라는 표현이 있는데
영어로는 뭐라고 할까요?

약할 때는 **"I feel under the weather."**
중간 정도일 때는 **"I think I have a cold."**
심할 때는 **"I think I have the flu."**
또는 **"My whole body is aching."**
이런 식으로 표현할 수 있어요.

☆ Check!
바로 쓰는 영어 단어

Limping 절뚝거리다
Sprain 삐다, 접지르다
Stomachache 복통
Sore Throat 인후염
Indigestion 소화불량
Headache 두통

Rash 발진
Migraine 편두통

바로 쓰는 핵심 대화

I'm limping.
다쳐서 절뚝거립니다.

I broke my ankle.
발목이 부러졌어요.

I sprained my ankle.
발목을 삐었어요.

I have a stomachache.
배가 아파요.

I have a sour stomach.
속이 쓰려요.

I have an upset stomach.
체한 것 같아요.

I have the chills.
오한이 나요.

I have indigestion.
소화가 안 돼요.

I have a rash.
발진이 있어요.

My ears feel clogged.
귀가 먹먹해요.

I have a headache.
머리가 아파요.

I have a migraine.
편두통이 있어요.

☆ 레이첼에너지의 Tip!

해외에서 아프면 진짜 당황스럽고 서럽죠?
해외에서는 아플 때 한국에서처럼 바로 병원에 가지 말고
약국이나 슈퍼마켓에 가서 약을 구매하는 것을 추천합니다.

호텔에 있는 경우, 프론트에 전화해서
"Where can I get some aspirin?" (아스피린은 어디서 구할 수 있나요)이라고
물어보세요.
"Aspirin" 이라고 하면 우리가 흔히 알고 있는
'약'을 통상적으로 부르는 것으로 이해할 것입니다.

증상에 따라 감기, 두통, 근육통 등은 Tylenol, Advil, Aleve
알러지 등은 Benedryl
소화불량 등은 Tums, Pepto Bismol, Alka Seltzer 등
직접적으로 약 이름을 말해도 상대방이 이해하는 데 큰 어려움은 없을 거예요!

바로 쓰는 핵심 표현

~ 증상이 있어요. I've had ~.

I've had a (증상) for (며칠) days.
» 저는 (며칠)째 (증상)이 있어요.

I've had a cough for two days.
» 2일 전부터 기침을 했어요.

I've had symptoms similar to Covid.
» 코로나와 비슷한 증상이 있어요.

I've had a slight fever since last night.
» 어제 저녁부터 약간 열이 나요.

I've had a headache for two hours.
» 두 시간째 두통이 있어요.

I've had a rash for a week.
일주일째 발진이 있어요.

4. 마음의 상처가 아닌 실제 부상을 입었다면?

[다친 상황 3 : 약국 가기]

☆ 실생활 Hip한 표현!

Medication/Medicine은
의약용 약을 의미하는 것으로 영양제 등은
Vitamins 혹은 **Supplements**라고 표현합니다.

☆ Check!
바로 쓰는 영어 단어

Drowsy 졸리다
Medication 약
Pill 알약
Diabetes 당뇨
High-blood pressure 고혈압

바로 쓰는 핵심 대화

Could you recommend me medicine for a headache?
두통약을 추천해 주시겠어요?

Are you taking any medication?
복용 중인 약이 있나요?

Yes, I'm taking (약 이름) .
네, (약 이름)을 복용 중입니다.

본인이 복용 중인 약의 이름을 모른다면,
'본인의 증상 + medication'으로 답변이 가능합니다.
Ex) 고혈압약 high blood pressure medication

This won't be a problem.
이건 아무 문제 없을 거예요.

Will this make me drowsy?
이 약을 먹으면 졸리나요?

Yes, avoid driving for two hour after taking the pills.
네, 복용 후 두 시간 이후에 운전하세요.

How many pills do I take?
몇 알을 먹나요?

☆ 레이첼에너지의 Tip!

해외에서는 우리나라와 달리 병원보다는 약국에 먼저 갑니다.
많이 다친 것이 아니라면 **Pharmacy**나 **Supermarket** 또는 **Drug Store**를 찾아 증상에 맞는 약을 찾으세요. 영어권에서는 약을 **Drug**보다 **Medicine**으로 더 자주 말한다는 점!

바로 쓰는 핵심 표현

(증상) 약을 복용 중입니다. I'm taking (증상) medication.

I'm taking diabetes medication.
» 당뇨병 약을 복용 중입니다.

I'm taking allergy medication.
» 알레르기 약을 복용 중입니다.

I'm taking high blood pressure medication.
» 고혈압 약을 복용 중입니다.

I'm taking acetaminophen.
» 아세트아미노펜을 복용 중입니다.

4. 마음의 상처가 아닌 실제 부상을 입었다면?

[다친 상황 4 : 병원 가기]

☆ 실생활 Hip한 표현!

병원을 간다면 1에서 10까지 척도로 통증을 말하는 것이
설명하는 데 쉬울 수 있으니
"On a scale of 1 to 10."으로 답변하는 것이
의사소통이 원활해지는 방법 중 하나입니다.

☆ Check!
바로 쓰는 영어 단어

Traveler's insurance 여행자보험
Medical history 병력
Questionnaire/Survey 질문지
Allergy 알레르기
ER(Emergency room) 응급실

바로 쓰는 핵심 대화

Where is the nearest hospital?
이 근처에 병원이 있나요?

It's across the street.
길 건너에 있어요.

Can you take me to the hospital?
병원에 데려다줄 수 있나요?

Do you have traveler's insurance?
여행자보험에 가입했나요?

Yes. I do.
네, 있어요.

Do you have any allergies?
알레르기가 있나요?

No. I don't.
아니요, 없어요.

☆ 레이첼에너지의 Tip!

해외에서 병원을 방문하는 경우,
재방문할 확률보다 귀국한 후에 병원을 가는 경우가 더 많겠죠?
그럴 때는 한국 병원에 제출할 서류가 있는지 문의하세요.
"Can I have this in writing?" 또는
"Can I get a doctor's note?" 라고 물어보면 됩니다.
관련 서류 발급을 위해 **"Can I have a copy of the document?"** 라고 물어보세요.

바로 쓰는 핵심 표현

~로 데려다줄 수 있나요? Can you take me ~ ?

Can you take me to the nearest hospital?
» 근처에 있는 병원으로 데려다줄 수 있나요?

Can you take me to the ER?
» 응급실로 데려다줄 수 있나요?

Chapter4

힙해 보이는
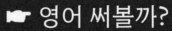 영어 써볼까?

1. Small Talk, 처음 만난 그대와의 아이스 브레이킹
- 여행 가서 이건 꼭 하자!

[대화하는 상황 1 : 스몰 토크 주제]

☆ 실생활 Hip한 표현!

Small talk?
작은 말이란 무엇일까요?
스몰 토크는 무슨 이야기를 해야 할까요?
개인적이지 않고 가벼운 주제로 대화하는 것을 말합니다.
주로 날씨, 취미, 장소 등이죠.

☆ Check!
바로 쓰는 영어 단어

Ice breaking 어색함을 풀다
First time 처음
Describe 묘사하다, 서술하다
Visit 방문하다
Area 구역

바로 쓰는 핵심 질문

> **When did you get here?**
> 여기에 언제 왔어요?

> **How is the food here?**
> 여기 음식은 어때요?

> **What did you have?**
> 무엇을 주문했나요?

> **Is it your first time here?**
> 여기에 처음 왔나요?

☆ **레이첼에너지의 Tip!**

스몰 토크를 할 때는 **Yes, No**로 답하는 질문보다
Why, How, Describe, Tell me about 등 서술형으로 답할 수 있는 질문을
하면 자연스럽게 대화가 이어진다는 것!

바로 쓰는 핵심 표현

언제 ~했나요? When did you ~ ?

When did you get here?
» 이 장소에 언제 왔나요?

When did you arrive?
» 언제 도착했나요?

~ 처음인가요? Is it your first time ~ ?

Is it your first time visiting here?
» 이곳에 방문하는 건 처음인가요?

Is it your first time in this area?
» 이 근방은 처음인가요?

1. Small Talk, 처음 만난 그대와의 아이스 브레이킹
- 여행 가서 이건 꼭 하자!
[대화하는 상황 2 : 스몰 토크 꿀팁]

☆ 실생활 Hip한 표현!

TMT(Too Much Talker)!
한마디를 더 하면 자연스럽고 대화하기 쉬워요.
"I like watching baseball."에서 끝나는 게 아니라,
"My favorite team is the New York Mets."까지
한마디 더 하는 것!
질문에 대한 추가적인 질문은 뭐라고 할까요?
Follow up question입니다.
"Oh, really? Tell me more!"라고
대화를 이어가 보세요.

☆ Check!
바로 쓰는 영어 단어

Hobby 취미
Interest 관심사
Favorite 좋아하는, 마음에 드는
For fun 재미로
Used to 익숙하다

바로 쓰는 핵심 대화

It's so hot today.
오늘 너무 덥네요.

I'm not used to this kind of weather.
이런 날씨는 익숙하지 않아요.

I like the weather today. What's the weather like in your country?
오늘 날씨가 좋네요. 이 나라의 날씨는 어떤가요?

It's usually hot.
보통 더워요.

What do you like to do for fun?
취미가 무엇인가요?

I like to work out.
저는 운동하는 걸 좋아해요.

Really? Tell me about that.
정말요? 더 말해주세요.

"**What's your hobby?**"라고 너무 간단하게 질문하기보다
"**What do you like to do for fun?**"이 더 자연스러워요!
대답을 듣고 나서는 "**Really? Tell me about that.**"이라고 답하면
대화를 자연스럽게 이어갈 수 있어요.

바로 쓰는 핵심 표현

~하는 걸 좋아하나요? What do you like ~ ?

What do you like to do?
» 무엇을 하는 걸 좋아하나요?

What do you like to do in your free time?
» 자유 시간에 무엇을 하는 걸 좋아하나요?

나는 ~이 익숙하지 않아요. I'm not used to ~.

I'm not used to small talk.
» 나는 스몰 토크가 익숙하지 않아요.

I'm not used to big parties.
» 나는 큰 파티가 익숙하지 않아요.

I'm not used to eating spicy food.
» 나는 매운 음식이 익숙하지 않아요.

2. 어글리 코리안 소리 듣지 않는 '필수 에티켓'

[일반적인 상황 1 : 기본 에티켓]

☆ 실생활 Hip한 표현!

누군가가 나를 치고 그냥 지나가면
뭐라고 해야 할까요?
"Excuse you."라고 말해주세요.
"뭐예요?" "실례했잖아요?"라는 뜻입니다.

☆ Check!
바로 쓰는 영어 단어

Rude 무례한
Point your finger 삿대질하다
Sneeze 재채기
Cough 기침
Cover 가리다

바로 쓰는 핵심 대화

It's rude to point fingers.
삿대질하는 건 무례해요.

I'm sorry.
미안해요.

Make sure to cover your mouth.
입을 가려주세요.

(재채기한 사람에게) Bless you.
조심하세요.

Thank you.
고마워요.

☆ 레이첼에너지의 Tip!

해외에서는 사람들 사이를 지나갈 때 그냥 쓱 지나가면 무척 무례하다고 봅니다.
꼭 **"Excuse me." "Sorry."**라고 말해주세요!
뒷사람을 위해 문을 잡아주는 것도 잊지 말고요!

바로 쓰는 핵심 표현

~하도록 해주세요. Make sure to ~ .
....

Make sure to cover your mouth when you cough.
» 기침할 때는 손으로 입을 가려주세요.

Make sure to cover your mouth when you sneeze.
» 재채기할 때는 손으로 입을 가려주세요.

Make sure you have a copy.
» 복사본을 갖고 있어주세요.

2. 어글리 코리안 소리 듣지 않는 '필수 에티켓'

[일반적인 상황 2 : 자주 쓰는 말]

☆ 실생활 Hip한 표현!

MZ세대는 **"Thank you."**의 대답을
"You're welcome."이라고 하지 않아요.
"It's alright." "No worries." "No problem."이라고
가볍게 대답한다는 것!

☆ Check!
바로 쓰는 영어 단어

Common greetings 인사말
It's alright 괜찮아요.
No worries 걱정 마요.
No problem 문제 없어요.

바로 쓰는 핵심 대화

How are you? How's it going?
어때요? 잘 지내지요?

I'm good and you?
좋아요, 당신은 어때요?

☆ 레이첼에너지의 Tip!

외국에서는 습관적으로
지나가는 사람에게 **"How's it going?"**이라고
질문하니 당황하지 마세요.
가볍게 대답해 주면 됩니다.

바로 쓰는 핵심 표현

How are you?
» 잘 지내나요?

How's it going?
» 잘 있어요?

How's your day going?
» 오늘 하루 어떻게 보냈어요?

How do you feel today?
» 오늘 기분 어때요?

How was it?
» 어땠어요?

How do you like today's weather?
» 오늘 날씨 어때요?

3. 여행의 찐 묘미! 외국인 친구 사귀기 - 본격적으로 대화하기

[질문할 때 상황 1 : 대화에서 조심할 것]

☆ 실생활 Hip한 표현!

해외에서는 나이, 거주지, 학벌, 직업, 가족에 대해
물어보는 걸 조심해야 합니다.
하지만 나이가 너무너무 궁금할 때는
"How old are you?" 라고 직접적으로 묻지 말고
"Do you mind me asking you how old you are?"
나이를 물어봐도 괜찮겠냐고 조심스럽게 질문해 주세요.

☆ Check!
바로 쓰는 영어 단어

Personal information 개인정보
High school dropout 고등학교 중퇴자
Sibling 형제자매
Step brother/sister 이복형제/자매
Half brother/sister 배다른 형제/자매
Step father/mother 새아버지/새어머니

In-laws 처가, 시가
Mother/Father in law 시어머니,
장모님/시아버지, 장인어른
Situationship 썸 타는 사이

바로 쓰는 핵심 대화

How old are you? (X)
Do you mind me asking you how old you are? (O)
나이가 몇 살인가요?

Where do you live? (X)
Which part of town do you live in? (O)
어느 동네에 사나요?

What's your job? (X)
What do you do for a living? (O)
무슨 일을 하고 있나요?

I work at a hospital./I work as a nurse.
나는 간호사입니다.

I am in college.
나는 대학생이에요.

What are your plans for the future?
나중에 무엇을 하고 싶나요?

Do you have any siblings?
형제자매가 있나요?

I have a step brother.
이복형제가 있어요.

Are you seeing anyone?
만나는 사람이 있나요?

It's complicated.
약간 복잡해요.

I'm in a situationship.
썸 타는 사람이 있어요.

☆ 레이첼에너지의 Tip!

해외에서는 나이를 잘 묻지 않아요.

특히 여성에게는 절대 나이를 묻지 않습니다.

이런 표현까지 있을 정도죠.

"You should never ask a woman her age and weight!"

(여성에게 몸무게와 나이는 물어보면 안 된다)

바로 쓰는 핵심 표현

~괜찮을까요? Do you mind ~ ?

Do you mind me asking your age?
» 나이를 물어봐도 될까요?

Do you mind holding my drink for a moment?
» 음료를 잠시만 들어주시는 것 괜찮을까요?

Do you mind giving me your social media?
» SNS 계정을 저에게 알려주셔도 괜찮을까요?

Do you mind me asking what you do for a living?
» 무슨 일을 하는 지 물어봐도 괜찮을까요?

~에서 일합니다. I work at ~.

I work at home.
» 저는 집에서 일합니다.

I work at a corporate.
» 저는 회사에서 일합니다.

I work at a public school.
» 저는 학교에서 일합니다.

I work at a hospital.
» 저는 병원에서 일합니다.

~로 일합니다. I work as ~./I am a ~.

I work as a content creator./I am a content creator.
» 저는 콘텐츠 크리에이터로 일합니다.

I work as a nurse./I am a nurse.
» 저는 간호사예요.

I work as a corporate office worker./I am in corporate.
» 저는 회사원이에요.

내가 ~ 였을 때. When I was in ~ .

....

When I was in college.
» 내가 대학교를 다녔을 때.

When I was in high school.
» 내가 고등학교를 다녔을 때.

When I was younger.
» 내가 어렸을 때.

4. 대화가 점점 깊어지네? - 이렇게 영어 실력을 키우자!

[대화에서 상황 1 : 대화가 깊어질 때]

☆ 실생활 Hip한 표현!

해외에서는 **SNS**라고 하지 않아요.
Social Media라고 해주세요.
단, 소셜미디어가 워낙 다양해
인스타그램은 IG, 페이스북은 FB 등으로 줄여서 부른다는 것!

☆ Check!
바로 쓰는 영어 단어

Horoscope 별자리
Personality trait 성격 특징
Bias 성향, 편견
Social media SNS

바로 쓰는 핵심 대화

Do you have social media?
SNS를 하나요?

Yeah, of course.
네, 당연하죠.

Are you on any social media platforms?
(전반적으로) SNS를 하나요?

Mostly IG.
인스타그램을 많이 하는 편이에요.

What's your sign?
별자리가 무엇인가요?

I'm a Scorpio.
전갈자리입니다.

Do you like K-pop?
K-pop을 좋아하나요?

I'm a huge BLACKPINK fan.
저는 블랙핑크의 광팬이에요.

Who's your bias?
가장 좋아하는 멤버가 누구인가요?

My bias is Jennie.
저의 최애는 제니예요.

바로 쓰는 핵심 표현

~ 좋아하나요? Do you like ~ ?

Do you like K-pop?
» K-pop 좋아하나요?

Do you like this song?
» 이 노래 좋아하나요?

4. 대화가 점점 깊어지네? - 이렇게 영어 실력을 키우자!

[대화에서 상황 2 : 인종차별인가 싶을 때]

☆ 실생활 Hip한 표현!

인종차별주의자는 영어로 다양한 표현이 있지만,
가장 흔히 사용하는 표현은
Racist입니다.

☆ Check!
바로 쓰는 영어 단어

Plastic surgery 성형수술
Exaggerate 과장하다

바로 쓰는 핵심 대화

Wow, your English is so good.
영어를 진짜 잘하네요.

So is yours.
당신도 영어 잘하네요.

But still. Your English is very good.
그래도 영어 진짜 잘하네요.

Well, I have been learning English all my life.
평생 영어를 배웠으니까요.

Oh, I'm sorry. I wasn't trying to be rude.
미안해요. 기분 나쁘게 하려는 건 아니었어요.

Does everyone in Korea get plastic surgery?
한국 사람은 모두 성형수술을 받나요?

What do you think? Do you think that can be true?
어떻게 생각하나요? 그게 사실이라고 생각하나요?

Don't believe everything you see in the media.
미디어에 나온 것만 믿지 마세요.

> **The news exaggerates everything.**
> 뉴스는 과장하는 경향이 있지요.

> **It's very peaceful.**
> 매우 평화로워요.

☆ 레이첼에너지의 Tip!

돌려 말하지 않고 기분 나쁜 것을 바로 드러내고 싶을 때는?
정색하면서 **"Really?" "Seriously?" "Wow!"**와 같이 표현하세요.
문장으로 말하고 싶다면?
"That's racist." 이렇게 말하세요.

바로 쓰는 핵심 표현

~을 믿지 마세요. Don't believe ~ .

Don't believe everything on social media.
» SNS에 있는 모든 것을 믿지 마세요.

Don't believe it until you see it.
» 직접 보기 전까지는 믿지 마세요.

Don't believe everything you read on the Internet.
» 인터넷에서 나오는 모든 것을 믿지 마세요.

Chapter5

이제 돌아갈 때가 됐네?
☞ 영어, 원 없이 썼어요?

1. 별문제 없이 Smooth하게 체크아웃하기

[호텔에서 상황 1 : 체크아웃할 때]

☆ 실생활 Hip한 표현!

여행 가방은 뭐라고 할까요?
Carrier? Travel bag?
보통은 **Luggage** 또는 **Baggage**라고 해요!

☆ Check!
바로 쓰는 영어 단어

Luggage storage 짐 보관
Free storage 무료 보관소

144

바로 쓰는 핵심 대화

Are you checking out?
체크아웃하시나요?

I'm here to check out.
체크아웃하겠습니다.

May I know the room number?
방 호실을 알려주시겠어요?

**Is it possible to keep my luggage here?/
Can I store my luggage here?**
여기에 짐을 보관할 수 있나요?

Can I keep my bags in the front?
프론트에 짐을 보관할 수 있을까요?

Yes, when will you be back?
네, 언제 돌아오시나요?

I'll be back around four.
4시에 돌아올 거예요.

Make sure to show us the tag.
이 택을 나중에 보여주세요.

이제 돌아갈 때가 됐네? - 영어, 원 없이 썼어요?

짐을 맡길 때 좀 더 간단하게 말하고 싶다면
"Can I leave my luggage?"라고 해도 좋아요.

체크아웃 전에 가방을 옮기기 위해 도움이 필요한 경우,
프론트에 전화해
"Can you send someone to help with the bags?"라고 문의하세요!
도움을 받은 후에는 팁을 주는 것, 잊지 않으셨죠?

바로 쓰는 핵심 표현

~ 가능한가요? Is it possible to ~ ?

Is it possible to keep my bags in the front?
» 프론트에 짐 보관 가능한가요?

Is it possible to keep this?
» 이거 가져도 되나요?

Is it possible for luggage storage?
» 짐 보관 가능한가요?

Is it possible to call a cab?
» 택시를 부를 수 있나요?

Is it possible to get some help with the bag?
» 짐 가방 옮기는 걸 도와줄 수는 있나요?

1. 별문제 없이 Smooth하게 체크아웃하기

[호텔에서 상황 2 : 추가 요금을 확인할 때]

☆ 실생활 Hip한 표현!

세금과 봉사료는 **Taxes** 및 **Subcharges**라는
표현을 사용합니다.
나라에 따라 10~20% 정도예요.

☆ Check!
바로 쓰는 영어 단어

Double check 재확인
Extra charges 추가 요금

Could you explain about the extra charges?
왜 추가 요금이 붙었는지 알려주세요.

This was from the bar.
이것은 바에서 사용한 요금입니다.

Can I have a printed list to double check?
내역서를 받을 수 있을까요?

Sure thing.
그럼요.

I did not use these services.
저는 이 서비스를 사용하지 않았어요.

Let me double check.
다시 확인해 볼게요.

There has been a mistake.
실수가 있는 것 같아요.

Which part?
어떤 부분이요?

I did not use the minibar.
미니바를 사용하지 않았어요.

It shows that you're missing a can of beer.
맥주가 한 캔 없는 것으로 확인됩니다.

Please check again.
다시 확인해 주세요.

The lamp was already broken.
전등은 이미 부러져 있었어요.

I'm sorry for the misunderstanding.
오해를 끼쳐드려 죄송합니다.

☆ 레이첼에너지의 Tip!

부당하게 추가 요금을 지불하라고 하면 **"Can I talk to your manager?"**라고
매니저를 불러 억울한 부분을 따지는 것 잊지 마세요!

바로 쓰는 핵심 표현

~을 설명해 주시겠어요? Could you explain ~ ?

Could you explain this?
» 이 내용을 설명해 줄 수 있나요?

Could you explain the extra charges?
» 추가 요금에 대해서 설명해 줄 수 있나요?

Could you explain this part?
» 이 부분에 대해서 설명해 줄 수 있나요?

Could you explain this in detail?
» 이 부분을 더 자세히 설명해 줄 수 있나요?

2. 렌트했던 차도 문제 없이 반납!

[출국 준비 1 : 차량 반납할 때]

☆ 실생활 Hip한 표현!

주유소는 **Oil station**이라고 할까요?

아닙니다! **Gas station**이라고 해주세요.

Gas는 Gasoline의 줄임말입니다.

영국에서는 **Petrol station**이라고 하기도 해요.

☆ Check! 바로 쓰는 영어 단어

Diesel 경유

Gasoline/Unleaded 휘발유

Fill up the tank/Pump the gas 주유하다

Deposit 보증금

Inspection 차량 확인

바로 쓰는 핵심 대화

Can you help me fill up the tank?/Can you help me pump the gas?
기름을 채우는 걸 도와줄 수 있나요?

I'm here to return the car.
차를 반납하려고 합니다.

Did you replace/ fill up the gas?
주유했나요?

Yes, I did.
네, 했어요.

Here's your deposit.
여기 보증금이요.

I have pictures on my phone.
내 휴대폰에 (이 스크래치) 사진이 있어요.

☆ 레이첼에너지의 Tip!

렌터카를 반납하기 전에는
기름을 가득 채워주세요.
주유소에 가서
"Regular, fill it up, please."라고 하면
가득 채워준다는 것!

바로 쓰는 핵심 표현

~을 도와줄 수 있나요? Can you help me ~ ?

....

Can you help me with this?
» 이것을 도와줄 수 있나요?

Can you help me pump the gas?
» 주유를 도와줄 수 있나요?

Can you help me return this?
» 반납하는 걸 도와줄 수 있나요?

3. 공항 출국 때도 빠지지 않는 영어

[공항에서 상황 1 : 발권할 때]

☆ 실생활 Hip한 표현!

수하물을 처리할 때 특정한 물건을 부쳐도 되는지 문의하고 싶다면?
"Is it okay if (물건명) is checked in?"이라고 물어보세요!

비상구석 등의 자리로 이용 가능한지 문의하고 싶다면?
"Can I get a seat with some leg room?"이라고 물어보세요!

추가 비용을 지불해서 자리를 바꾸고 싶다면?
"Can I pay extra to upgrade my seat?"라고 물어보세요!

비행 시간이 얼마 남지 않아서 급하게 처리를 요청하고 싶다면?
"My flight leaves soon, can someone help me?"라고 물어보세요!

☆ Check! 바로 쓰는 영어 단어

Departure 출국
Check in counter 수속 카운터
Boarding pass 탑승권
Checked baggage 위탁 수화물
Overweight 중량 초과
Emergency exit seat 비상구석

바로 쓰는 핵심 대화

How many bags will you be checking in?
가방을 몇 개 부치시나요?

I'll be checking in two.
두 개를 부칩니다.

Please put your bag on the scale.
가방을 저울 위에 올려주세요.

Here's the first one.
첫 번째 가방입니다.

Your bag is overweight.
무게가 초과되었어요.

What is the weight limit?
무게 제한이 몇인가요?

Twenty three kilograms. Your bag is five kilograms over the limit.
23kg입니다. 당신의 가방은 5kg을 초과해요.

Is it possible to combine the weight of the two bags?
가방 두 개의 무게를 합산할 수 있나요?

No, it's not possible.
아니요, 불가능합니다.

Can I take some stuff out and come back?
가방에서 짐을 좀 빼고 와도 될까요?

Yes, please keep your passport.
네, 여권을 소지하세요.

How much is the overweight charge?
무게 초과 요금은 얼마인가요?

For every two kilograms, it'll be forty dollars.
2kg마다 40달러 추가입니다.

I haven't it checked in online.
온라인으로 체크인하지 않았어요.

Would you like a window or aisle seat?
창문석 또는 통로석을 드릴까요?

I'd like a window seat.
창가 자리로 주세요.

You'll be in thirty A.
30A석입니다.

Is there an emergency exit seat available?
비상구석을 줄 수 있나요?

이제 돌아갈 때가 됐네? - 영어, 원 없이 썼어요?

> **Yes, but that'll extra cost.**
> 네, 그런데 추가요금이 있어요.

> **Then nevermind.**
> 그럼 됐어요.

> **Do you have any carry on bag?**
> 기내용 가방을 따로 가지고 있나요?

> **Yes, just this one bag.**
> 네, 이 가방 하나요.

☆ 레이첼에너지의 Tip!

여권이나 서류를 줄 때 그냥 말없이 주는 것보다
"Here you are."라고 말하면서 주면
더 있어 보인다는 것!

일행과 자리가 붙어 있는지 문의하고 싶다면,
"Are the seats together?"라고 물어보세요.
붙어 있는 자리로 요청하기 위해서는
"Can you change the seats to be together?"라고 물어보세요.

바로 쓰는 핵심 표현

나는 ~을 부칠 거예요. I'll be checking ~ .
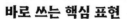

I'll be checking in two bags.
» 가방 2개 부칠 거예요.

I'll not be checking in any bags.
» 가방을 부치지 않을 거예요.

156

3. 공항 출국 때도 빠지지 않는 영어

[공항에서 상황 2 : 보안 검색을 지날 때]

☆ 실생활 Hip한 표현!

나라에 따라 보안 검색대의 통과 기준이 다르기 때문에
꺼내야 하는 물건도 다를 수 있어요!
주머니 속에 동전을 꺼내야 하는지 문의할 때는
"Do I need to take out coins from my pocket?"
휴대폰을 꺼야 하는지 문의할 때는,
"Do I need to take out my cell phone?"
벨트를 풀어야 하는지 문의할 때는,
"Do I need to take off my belt?" 라고 질문할 것!

☆ Check!
바로 쓰는 영어 단어

Full body scan 몸 전체 스캔
Security screening 보안 검색

바로 쓰는 핵심 대화

Please empty your pockets.
주머니를 비워주세요.

Please take off your shoes.
신발을 벗어주세요.

Do I put them in a separate bin?
따로 트레이에 넣나요?

Please lay your items flat.
짐을 평평하게 놔주세요.

Do you have any laptops or tablet PCs in your bag?
가방에 노트북이나 태블릿PC가 있나요?

No, I don't./Yes, I do.
없습니다./있습니다.

Please hold your arms above your head like in the picture.
사진과 같이 팔을 몸 위로 올려주세요.

Stand with your feet apart.
다리는 살짝 벌려주세요.

I need to open your bag.
가방을 열어봐야 합니다.

Okay, go ahead.
알겠습니다.

> **This cannot be taken onto the plane.**
> 이것은 비행기에 들고 탈 수 없습니다.

> **Oh, I totally forgot about that.**
> 세상에, 그걸 완전히 잊어버렸어요.

> **You can throw it out.**
> 그건 버려주세요.

☆ 레이첼에너지의 Tip!

만약 어떤 물건을 버리거나 두고 가야 하는 경우에는
문제가 되는 물건을 일부러 갖고 온 것이 아니라는 것을 티나게 아쉬워하며,
"I forgot about that."과 함께 **"You can throw it out."**이라고 하세요.

특히! 칼이나 가위 같은 위험한 물건을 수하물에 넣지 않았다면 고의로 그런 것이 아니라는 걸
겉으로 보여주는 것이 중요할 수 있으니
"I totally forgot about that." 또는 **"I forgot to check that in."**으로 이야기하세요.

바로 쓰는 핵심 표현

나는 ~을 완전히 잊어버렸어요: I totally forgot ~ .

I totally forgot about that.
» 그것을 완전히 잊고 있었어요.

I totally forgot I had water in my bag.
» 제 가방에 물이 있는 것을 완전히 잊고 있었어요.

I totally forgot to check that in.
» 수하물로 부치는 것을 완전히 잊고 있었어요.

I totally forgot to take that out.
» 저것을 가방에서 빼는 걸 완전히 잊고 있었어요.

4. 면세점 쇼핑 - 영어를 쓸 마지막 기회!

[면세점에서 상황 1 : 면세점에서 쇼핑할 때]

☆ 실생활 Hip한 표현!

면세점에는 다양한 세일 상품이 있으니
똑똑하게 골라보세요.

Exclusive offer 독점 제공품
Duty-free exclusive 면세점 단독 상품
Clearance sale 정리 세일

☆ Check!
바로 쓰는 영어 단어

Duty free shop 면세점
Transfer flight/Layover 경유
Currency 통화
Gift 선물

바로 쓰는 핵심 대화

Can you recommend me a gift?
선물을 추천해 줄 수 있나요?

Who is this gift for?
누구에게 선물하나요?

I'm looking for a gift for my friend/my mom.
친구를/엄마를 위한 선물을 보고 있어요.

If you buy two or more, you got twenty percent off.
두 개 이상 구매 시 20% 추가 할인입니다.

Are there any special promotions going on?
특별 할인이 있나요?

I'll take one of each.
이것 하나씩 주세요.

Can I take this on my layover?
경유하는 데 들고 가도 되나요?

Don't open this until your final destination.
최종 목적지에 갈 때까지 절대 열지 마세요.

How many bottles can I buy?
술은 몇 병까지 살 수 있나요?

You can buy up to two.
두 병까지 살 수 있어요.

Can I pay in a different currency?
다른 통화로 계산해도 되나요?

Yes, please choose.
네, 고르세요.

☆ 레이첼에너지의 Tip!

선물을 추천받을 때
'친구를 위한 선물'이라고 하면 막막할 수 있으니
"She's in her forties."라고
구체적으로 말하면 추천받기 더 좋아요.

바로 쓰는 핵심 표현

나는 ~을 찾고 있어요. I'm looking for ~ .
....

I'm looking for a gift for my mom.
» 어머니를 위한 선물을 찾고 있어요.

I'm looking for a popular souvenir.
» 인기 있는 기념품을 찾고 있어요.

I'm looking for something different.
» 다른 것을 찾고 있어요.

당신은 ~까지 구입할 수 있어요. You can buy up to ~ .
....

You can buy up to five.
» 최대 5개까지 구입할 수 있어요.

You can buy up to two hundred milliliters per person.
» 일인당 최대 200ml까지 구입할 수 있어요.

항공권

요즘은 현장에서 항공권 구매가 사실상 불가능하고 대부분은 온라인으로 구입합니다. 엄청나게 다양한 항공권 구매 사이트가 있는데, 그동안 여행을 다니면서 가장 저렴하게 구입한 곳은 트립닷컴(Trip.com)입니다. 스카이스캐너(SkyScanner), 네이버 쇼핑 등 다양하지만, 수수료가 있어서 거의 비슷비슷하더라고요. 이건 아는 사람들은 아는 정보인데, 트립닷컴과 스카이스캐너 모두 같은 회사라는 것! 항공권을 검색하면 인터넷 검색 기록(search history), 쿠키(cookies), 캐시(cache) 때문에 가격이 올라간다는 이야기를 많이 아실 텐데, 개인적인 의견으로는 최근에는 달라진 것 같더라고요. 오히려 원하는 날짜에 맞춰서 앱을 다운로드받은 후 원하는 비행 가격 변동 알림을 설정해서 가격이 떨어졌을 때 구매하는 것이 훨씬 더 낫습니다. 꼭 'Layover'가 있는지도 잘 확인하세요! 저렴한 대신 4시간 거리가 21시간이 걸리게 될 수도 있으니 Filter에서 'Nonstop only'로 선택하세요!

여행 일정이 가까워질수록 비행깃값이 싸질 것이라고 많이들 생각하는데요. 아닙니다! 항공권이 가장 비쌀 때는? 비행 바로 전날입니다! 참고로 Expedia에 의하면, 해외 여행의 경우, 여행 일정 60일 이전이 가장 저렴하고 4개월이 넘는 시점에는 오히려 가격이 더 비싸다고 해요. 그러니 알림을 설정해 가격이 내려가고 올라가는 것을 잘 확인한 뒤 합리적인 가격에 예매하는 것이 좋겠죠?

온라인으로 예매할 때 정보를 영어로 입력하는데, 꼭 본인의 여권 정보 잘 입력했는지 두세 번 확인해 주세요. 아니면 비싼 실수가 될 수 있답니다. 비행 당일에 정보가 일치하지 않아서 여행을 못 가는 최악의 경우도 있으니 무조건 무조건 무조건 여권 정보 잘 입력했는지 확인하기! 참고로 여권은 유효기간이 6개월 이상이 남아 있어야 해외 출국에 문제가 없습니다.

트립닷컴(Trip.com)
☞ 앱 다운로드하기

환율 확인 및 환전

환전은 어떻게 해야 할까요? 예전같이 현금을 들고 시내에서 환전하는 것은 좀 old한 방법이죠. 요즘은 거의 모든 환전을 온라인으로 하는 시대가 되었답니다. 환율 확인과 환전을 위해서는 다양한 방법이 있는데요.

1. 은행

은행에서 환전하는 것이 가장 보편적인데요. 은행에서 환전하는 경우 그날의 환율에 따라서 계산되고 현금으로 바로 교환 가능합니다. 하지만 그날의 파는 가격과 사는 가격에 차이가 있는데, 그 차액은 은행의 수익으로 사실상 우리에게는 손해예요. 가끔 가는 나라의 화폐가 없는 경우도 있습니다! 그러니 본인 원하는 화폐가 있는지 사전에 확인하세요. 만약에 없는 경우, 미국 달러(USD)로 바꾸고 현지에서 현지 화폐로 바꿀 수 있습니다.

2. 공항

공항에서 환전하는 것은 그만큼 급하다는 것인데요. 소액이 아닌 이상, 공항에서 환전하는 것이 가장 수수료가 크니 주의하는 것이 좋습니다. 은행에서 환전할 때보다 훨씬 더 비싸다는 사실! 하지만 급하고 다른 선택지가 없다면 어쩔 수 없는 선택이죠?

3. 현지

동남아 국가의 경우 원화보다 미국 달러가 손해를 덜 보는 경우가 있어서 국내에서 미국 달러로 환전해서 현지에서 환전하기도 합니다. 하지만 미국 달러가 비싼 경우에는 오히려 손해가 될 수 있어요. 추가로 해외 여행 중에 환전을 해야 한다면 현지 시장 등에서 환전하는 경우가 있습니다. 이때도 약간 손해를 보겠지만 급하면 어쩔 수 없겠죠? 시장 등에서 환전하는 경우에는 꼭 믿을 수 있는 곳인지 네이버나 구글에 상호를 검색해야 사기를 방지할 수 있어요!

얼마로 교환해 주는지 물어볼 때는 "How much is the conversion rate?" 라고 물어보세요!

4. 온라인

요즘은 온라인으로 환전을 해서 공항 ATM이나 본인이 편한 은행에서 받는 방법을 선택할 수 있는데요. 이러한 것을 '환율 우대 제도'라고 합니다. 온라인으로 최대 90%까지 환율 우대를 해주는 경우가 있는데, 각 은행사의 이벤트 등에 따라서 다르다는 것! 환전할 금액을 미리 온라인 앱으로 결제하고 ATM에서 외화를 선택하는 방식입니다.

가장 핫한 환전 꿀팁인데요! 요즘은 트래블월렛(Travel Wallet)이나 해외에서 외화로 환전한 후에 사용 가능한 체크카드가 많이 출시되고 있습니다. 제가 자주 이용하는 트래블월렛의 경우, 발급은 일단 무료입니다. 은행 방문 없이 모바일로 발급이 가능합니다. 발급 후, 수시로 변동되는 환율을 온라인으로 바로 반영해서 본인이 바꾸고자 하는 통화로 변경할 수 있습니다. 그 후, 해외 ATM에서 직접 외화로 찾는 방법입니다. ATM 수수료에 대한 정보는 사전에 찾아보고 여행을 가는 것이 좋겠죠? 통상적으로 공항에 있는 게 ATM이니 쉽게 찾을 수 있습니다. 현지에서 "근처에 ATM이 있나요?"라고 물어볼 때는 "Where is the nearest ATM?"이라고 물어보세요!

5. 신용카드

'요즘 누가 현금을 써?'라고 생각하는 분들도 있죠? 맞아요. 시장이나 로컬 식당 등을 제외하고는 해외도 이제 다 카드 사용이 가능합니다. 신용카드 수수료도 예전처럼 비싸지 않기 때문에 그렇게 손해를 보는 것도 아닙니다. 개인적으로 여행을 다녀봤을 때, 신용카드 가맹점은, Visa 혹은 Master card가 제일 많았답니다. 만약 American Express를 갖고 있어서 이 카드가 사용 가능한지 문의하고 싶을 때는 "Do you take American Express?"라고 물어보세요.

맛집 선택하는 법

해외 여행의 꽃 중 하나가 바로 맛집 아니겠어요? 요즘은 TV에도 다양한 여행 프로그램이 방영되고 여행 블로그, 브이로그, SNS 등에서 맛집을 정리해 주잖아요. 그런데! 막상 여행 중에 직접 가보면? 다들 줄 서 있고, 심지어 줄 서 있는 사람들은 다 한국인! 여기가 한국인지 해외인지 구분이 안 되는 상황 다들 겪어보셨나요? 저는 그런 경우를 많이 겪어봤는데, 한두 번은 괜찮았는데 여행 내내 그러면 영어를 쓸 일도 없고 여행영어를 공부한 보람도 없고, 밥 먹는 동안 들리는 한국어에 과연 내가 제주도에 왔는지 해외에 온 건지 구분이 안 되더라고요.

그래서! 저는 Google Maps를 참고합니다. 구글맵은 전 세계 사람들의 다양한 의견을 집합한 곳이라는 것! 구글맵의 평점을 확인하면 엄청나게 솔직한 외국인들의 평가로 인해 보통 4.5점을 넘으면 웬만한 맛집이라는 사실!

참고로 여행지에서 맛집을 고르는 기준 중 하나가 한국어 메뉴판이 있는지 없는지입니다. 우리나라에서도 진짜 한국인들이 가는 맛집과 관광객들이 가는 맛집이 다르잖아요? 우리가 한국에서 가는 맛집의 경우, 메뉴명 밑에 영어나 중국어, 일본어가 작게 적혀 있는 경우가 있지만, 그렇다고 따로 메뉴가 있는 경우는 드물어요. 해외에서도 같은 법칙을 적용해서 맛집을 구분한답니다. 따로 한국어 메뉴가 있다? 그럼, 관광객들을 위한 맛집일 가능성이 있으니, Not a local fave!

숙소 예약 꿀팁

숙소는 여행에서 중요한 요소 중 하나인데요, 본인의 여행 스타일에 맞게 숙소를 선택하는 것이 중요합니다. 여행을 혼자 하는지(Solo traveler), 가족과

하는지(Family trip), 친구들과 하는지(Friend trip)에 따라서 숙소 유형을 다르게 할 수 있습니다. 혼자서 여행할 때는 좀 더 저렴한 숙소를 선택하거나 중저가의 호텔을 선택할 수 있겠죠? 가족과 함께할 때는 리조트나 호텔 등, 친구들과 함께할 때는 호텔이나 에어비앤비를 선택하는 경우도 있고요.

숙소를 정할 때는 주변에 번화가가 있는지, 근처에 쉽게 이용할 수 있는 교통이 있는지 등을 확인한 후에 예약하는 것이 좋습니다. 밤 비행기를 이용해서 새벽에 도착한다면 이동 거리가 짧은 공항 근처 호텔에서 저렴하게 묵고 다음 날 좋은 숙소로 이동해서 본격적인 여행을 하는 것이 돈을 절약하는 방법! 숙소 후기는 블로그나 SNS에서 확인하는 것이 호텔 측에서 제공하는 사진보다 더 신뢰도가 있겠죠? 그렇다고 블로그 포스트만 참고하지 말고 다양한 포스트를 보고 최종적으로 결정하는 것이 좋답니다. 더하여 조식 포함 여부, 수영장이나 헬스장과 같은 편의시설 운영 여부 등을 확인하는 것이 좋겠죠?

숙소 예약도 역시 호텔을 종합적으로 모아놓은 각종 사이트에서 손쉽게 가격을 비교할 수 있습니다. 호텔의 경우, 항공권을 예약한 사이트에서 예약하면 추가 할인까지 제공하는 때도 있으니 참고하세요! 예약을 하기 전에 취소 정책을 확인하는 것 역시 중요합니다. 예상치 못한 상황 때문에 여행이 변경되거나 취소되는 경우, 숙소의 취소 정책을 꼭 확인하세요. 만약 천재지변 때문에 비행기가 뜨지 못해 호텔을 취소해야한다면 "I am requesting a refund due to force majeure."이라는 문장을 사용하면 됩니다.

로밍 vs. 유심(SIM card) vs. 이심(E-SIM) vs. 휴대용 와이파이

요즘은 휴대폰 없이는 생활을 할 수 없는 정도죠? 해외에서 휴대폰을 사용하기 위해서는 로밍, 유심, 이심을 선택할 수 있어요.

1. 로밍

해외 여행 시 필수적인 휴대폰 서비스 해외 로밍. 하지만 낯선 환경에서 과도한 요금이 청구되는 경우가 발생하기도 해서 주의가 필요합니다. 해외 로밍을 현명하게 이용하기 위해 출국 전 해외 로밍 서비스를 신청하고 통신사에 문의해 요금제, 국가별 요금, 데이터 사용량 등을 미리 확인하는 것이 좋겠죠? 로밍 요금제는 무척 다양하므로 본인의 방문하는 국가, 예상 사용량 등을 고려해 적합한 로밍 요금제를 선택해야 합니다.

2. 유심

유심은 우리 휴대폰에 있는 유심을 해외용으로 교체하는 것을 의미하는데, 이는 생각보다 간편한 방법이자 로밍보다 훨씬 저렴한 방법입니다. 보통 비행기 이륙 중일 때 유심을 교체하더라고요. 저도 보통은 그렇게 하는 편이랍니다. 유심은 보통 신용카드 같은 것에 작은 유심칩이 있습니다. 함께 동봉된 핀이 있는데, 그것으로 휴대폰에 있는 유심칩 넣는 부분을 열고 유심을 교체하면 됩니다. 요즘 기종의 경우, 유심칩의 가장 작은 부분까지 뜯어야만 휴대폰 안에 들어가니 잊지 마세요! 유심을 휴대폰 안에 다시 넣은 후에 전원을 켜서 교체할 '로밍'으로 설정하고 현지에서 손쉽게 이용할 수 있어요.

3. 이심

이심은 따로 물리적으로 교체할 필요 없이 휴대폰 내에서만 설정하면 됩니다. 온라인으로 구매할 수 있는데, 유심과는 달리 여행에 임박했더라도 구매할 수 있습니다. 따로 배송받을 필요가 없어요! 온라인으로 구매 후, 카카오톡이나 이메일로 QR코드를 전송을 받는데, 이 QR코드를 사진으로 저장하는 것 잊지 마세요! 공항에서 떠나기 전이나 현지에 도착 후 와이파이가 있는 공항에서 설정하면 된답니다.

설정 방법은? 카카오톡이나 이메일로 친절하게 사용 방법을 보내주니, 그것을 참고해 설정하면 된답니다. 참고로 홍콩, 대만, 마카오 등의 경우 따로 본인 인증을 해야하므로, 사전에 본인 인증을 하고 가는 것 잊지 마세요!

4. 휴대용 와이파이

위의 사항들이 너무 복잡하다면 휴대용 와이파이를 선택하는 선택지도 있습니다. 내가 들고 다니는 와이파이에 항상 연결되어 있는 편리한 방법입니다. 휴대용 와이파이의 경우, 사전에 온라인 등으로 구매를 하고 공항 등에서 수령을 받는 것이 가장 보편적입니다. 휴대폰의 데이터 요금제를 초과하지 않고도 현지에서 이메일을 확인하고, 온라인에서 편리하게 검색하고, SNS를 사용할 수 있는 편리한 방법이죠. 다른 와이파이에 새롭게 연결하는 번거로움과 공용 와이파이의 해킹 위험도 사라지기 때문에 많은 분이 선택하는 방법이랍니다. 단점이 있다면 휴대용 와이파이를 들고 다녀야 한다는 것입니다. 물론 요즘은 주머니에 쏙 들어가는 작은 사이즈로 나와서 '포켓 와이파이'라는 단어로 불리기도 한답니다.

짐 분실 방지법

여러분이 살고 있는 대한민국이 생각 이상으로 안전한 국가라는 사실을 알고 계신가요? 우리는 식당이나 카페에서 휴대폰, 지갑, 노트북 등을 테이블 위에 올려놓고 가죠? 그런데 해외에서는 이런 행동을 절대로 삼가야 해요. 해외에서 그렇게 하면 돌아와서는 나의 소지품들이 다 사라질 수 있습니다. 그러니 소지품은 가까이 두고 다니세요!

국가에 따라서 소매치기가 있는 경우도 있습니다. 소매치기를 영어로는 'Pick-pocket'이라고 합니다. 소매치기를 하는 사람은 'Pick-pocketer', 소매치기당한 사람은 'Pick-pocketed'라고 하니 참고하세요.

사람이 많은 곳을 다닐 때는 가방은 항상 옆이나 앞에 두세요! 가방을 뒤에 두면 손쉽게 뺄 수 있으니 주의하세요. 영어로는 "Keep your belongings close to you."라고 합니다.

소지품 분실 대비는 미리미리 하는 것이 좋겠죠? 여권, 현금, 신용카드 등 중요 소지품은 여러 곳에 나눠서 보관하는 것이 좋아요. 모든 소지품을 한 가방에 담지 않고, 캐리어 내부, 호텔 금고 등을 활용하면 좋다고 하는데, 호텔 금고를 이용할 때는 꼭 꼭 꼭 체크아웃을 할 때 다시 한번 확인하세요!

소지품 분실은 누구에게나 언제든지 발생할 수 있는데요, 이때 분실된 소지품을 찾는 것에만 집중하지 말고 본인의 정신부터 잡으세요! 여기서 정신까지 나가면 지금 분실한 것 이상으로 더 많이 분실할 수 있거든요. 여권 분실을 하면 대사관 또는 영사관에 신고해야 합니다. 참고로 대사관은 영어로 'Embassy'라고 합니다. 지갑 분실 시에는 신용카드 회사에 도난 신고를 해야 합니다. 요즘은 온라인으로 바로 신고와 정지를 할 수 있으니 신고 절차는 그렇게 어렵지 않을 것입니다.

여행자 보험에 가입했다면 범위에 따라서 다르겠지만 소지품 분실 또는 도난 발생 시 보험 혜택을 받을 수 있습니다. 보험에 따라 보상 범위가 다르니 약관을 잘 읽어보고 가입하는 것이 좋겠지요? 해외 여행 시 가입하는 것이 좋다고 하는데, 보험 가입은 본인의 선택에 맡기겠습니다!

와이파이 사용 방법

여행을 하다 보면 검색해야 하는 것이 있어서 인터넷 사용은 거의 필수겠죠? 모바일 데이터를 사용하면 로밍 요금이 부담스러울 수 있습니다. 이러한 경우에는 현지 와이파이를 이용하는 것이 경제적인 방법입니다. 하지만 와이파이가 있다고 무작정 접속하면 안 됩니다! 해킹이 위험도 있으니 본인이 있는 호텔, 레스토랑, 카페, 공항 등에서 제공하는 무료 와이파이가 맞는지 확인 후에 접속하세요. 만약 와이파이에서 개인정보를 요청한다면 절대로 입력하지 마세요! 또한

공용 와이파이를 사용하는 경우에는 간단한 검색만 하는 것이 좋으며, 중요한 금융 거래나 개인정보 입력 등은 피하는 것이 좋겠죠?

와이파이 이용 꿀팁! 요즘 거의 필수적으로 와이파이가 있는 곳은 공항이랍니다. 전 세계의 공항에서는 대부분 무료 와이파이 서비스를 제공하고 있습니다. 출국 또는 입국에 필요한 서류를 확인하기 위해서 공항 와이파이가 있으니 안심하고 입국이나 출국에 필요한 서류 다운로드해 보세요.

일부 국가에서는 지하철, 버스 등 대중교통에서도 무료 와이파이가 제공되고 있습니다. 카페나 레스토랑의 경우, 와이파이가 있는 경우도 있고 없는 경우도 있지만 오픈형이 아닌 비밀번호가 필요할 수 있습니다. 그러한 경우, "Can I have the Wi-Fi password?"라고 물어보세요. 카페나 레스토랑에서 와이파이 를 이용한다면 음료나 음식을 주문 후에 요청하는 것은 당연하겠죠?

교통 – 대중교통

나라에 따라 편리한 교통수단이 다를 수 있습니다. 지금까지 여행 경험을 종합하면 홍콩과 대만 같은 도시 국가는 대중교통이 잘되어 있어서 굳이 차량 대여를 할 필요 없습니다. 홍콩은 옥토퍼스 카드 하나만 있으면 편리하게 다닐 수 있고 대만은 이지카드 하나만 있으면 편리하게 다닐 수 있습니다. 현장에서 구매할 수 있지만, 국내에서 할인받아서 미리 구매를 하는 것도 합리적인 소비자의 길이랍니다!

베트남과 필리핀과 같은 동남아시아 국가들은 대중교통이 잘되어 있지 않지만, 택시나 그랩(Grab)을 이용하면 저렴하고 편리하게 다닐 수 있습니다.

대만 이지카드
☛ 구매 링크

홍콩 옥토퍼스
☛ 구매 링크

교통 – 렌터카

괌을 포함한 미국은 렌터카가 선택이 아닌 필수입니다. 그러니 차량 렌트에 필요한 서류 등을 미리 준비하는 것 잊지 마세요!

필수 서류에는 무엇이 있을까요? 첫 번째는 국제운전면허증입니다. 국제운전면허증은 해외에서 차량을 운전하기 위해 필수적인 서류입니다. 1년 또는 3년 유효기간으로 선택할 수 있습니다. 면허증 신청은 가장 가까운 운전면허시험장이나 온라인(ADL)을 통해 가능합니다.

두 번째는 한국 운전면허증입니다. 국제운전면허증과 함께 현지 렌터카 회사에 제시해야 렌트가 가능한 경우가 있으니, 한국 운전면허증도 함께 소지하는 것 잊지 마세요.

세 번째는 신용카드입니다. 렌터카 대여료 결제와 보증금 지불 시 사용됩니다. 대부분의 렌터카 회사는 국제 결제가 가능한 신용카드만 인정합니다. 신용카드만 가능한 경우도 있다고 하니 사전에 확인하고 가세요.

마지막은 여권입니다. 렌터카 계약 시 본인 확인을 위해 필요합니다. 여권이 신분증의 역할을 한다고 생각하면 됩니다. 렌터카 업체에서는 운전자의 면허증과 여권을 따로 복사할 거예요. 차량 점검 시 차에 있는 스크래치와 파손을 잘 확인하세요. 따로 사진과 영상을 찍는 것도 잊지 마세요. 그럴 때는 "Can I take some pictures and videos?"라고 물어보세요.

레이첼에너지 클래스101
☛ 수강하기

KI신서 11919

요즘애들의 힙한 여행영어

1판 1쇄 인쇄 2024년 6월 7일
1판 1쇄 발행 2024년 6월 14일

지은이 레이첼에너지(황유진)
펴낸이 김영곤
펴낸곳 ㈜북이십일 21세기북스

인생명강팀장 윤서진 **인생명강팀** 최은아 유현기 황보주향 심세미 이수진
디자인 나침반
출판마케팅영업본부장 한충희
마케팅2팀 나은경 정유진 백다희 이민재
출판영업팀 최명열 김다운 김도연 권채영
제작팀 이영민 권경민

출판등록 2000년 5월 6일 저1406-2003-061호
주소 (10881) 경기도 파주시 회동길 201(문발동)
대표전화 031-955-2100 **팩스** 031-955-2151 **이메일** book21@book21.co.kr

(주)북이십일 경계를 허무는 콘텐츠 리더

21세기북스 채널에서 도서 정보와 다양한 영상자료, 이벤트를 만나세요!

페이스북 facebook.com/jiinpill21   **포스트** post.naver.com/21c_editors
인스타그램 instagram.com/jiinpill21   **홈페이지** www.book21.com
유튜브 youtube.com/book21pub

서울대 가지 않아도 들을 수 있는 명강의! 〈서가명강〉
서가명강에서는 〈서가명강〉과 〈인생명강〉을 함께 만날 수 있습니다.
유튜브, 네이버, 팟캐스트에서 '서가명강'을 검색해보세요!

©레이첼에너지(황유진), 2024

ISBN 979-11-7117-607-6(13740)